U0335911

银发经济学
老龄时代的商业机会

[日] 大前研一 著

宋刚 刘子艺 译

シニアエコノミー
「老後不安」を乗り越える

机械工业出版社
CHINA MACHINE PRESS

SENIOR ECONOMY "ROGO FUAN" O NORIKOERU by Kenichi OHMAE.
© 2023 Kenichi OHMAE All rights reserved.
Original Japanese edition published by SHOGAKUKAN.
Chinese (in simplified characters) translation rights in the Chinese mainland（excluding Hong Kong SAR, Macao SAR and Taiwan）arranged with SHOGAKUKAN through Shanghai Viz Communication Inc.

日版编辑协力：中村嘉孝

图表来源：BBT 大学综合研究所

本书中文简体字版由 SHOGAKUKAN 通过 Shanghai Viz Communication Inc. 授权机械工业出版社在中国大陆地区（不包括香港、澳门特别行政区及台湾地区）独家出版发行。未经出版者书面许可，不得以任何方式抄袭、复制或节录本书中的任何部分。

北京市版权局著作权合同登记　图字：01-2024-2897 号。

图书在版编目（CIP）数据

银发经济学：老龄时代的商业机会 /（日）大前研一著；宋刚，刘子艺译 . -- 北京：机械工业出版社，2024. 8（2025.5 重印）. -- ISBN 978-7-111-76218-8

I. F014.5

中国国家版本馆 CIP 数据核字第 2024K5B555 号

机械工业出版社（北京市百万庄大街 22 号　邮政编码 100037）
策划编辑：顾　煦　　　　　　　　责任编辑：顾　煦
责任校对：李　霞　张雨霏　景　飞　责任印制：李　昂
涿州市京南印刷厂印刷
2025 年 5 月第 1 版第 7 次印刷
147mm×210mm・5.625 印张・1 插页・89 千字
标准书号：ISBN 978-7-111-76218-8
定价：59.00 元

电话服务　　　　　　　　　　　网络服务
客服电话：010-88361066　　　机 工 官 网：www.cmpbook.com
　　　　　010-88379833　　　机 工 官 博：weibo.com/cmp1952
　　　　　010-68326294　　　金　书　网：www.golden-book.com
封底无防伪标均为盗版　　　机工教育服务网：www.cmpedu.com

赞　誉

从年轻社会到老龄社会，挑战不容忽视，机遇同样不容忽视。从《低欲望社会：人口老龄化的经济危机与破解之道》到《银发经济学：老龄时代的商业机会》，大前研一先生身处全球老龄化程度最高的日本，为我们带来了他更进一步的观察与思考。银发族并非只是"上了年纪的人"，银发经济始于"前银发"市场……这些具有前瞻性、独特性的第一手发现，为我们开启银发经济提供了高价值的认知工具。

——李佳，《银发经济：从认知到行动的商业创新路径》作者

前　言

"你们应该如何度过晚年?"
向银发群体发出的人生之问

过于天真的预测

我于 2023 年 2 月出版了《第四波》,在此引用书中"世界第三经济大国已至风烛残年"的一段内容:

"1968 年,日本 GDP(国内生产总值)超过当时的西德,成为'世界第二经济大国',然而在 40 多年后的 2010 年,日本被中国反超,世界排名降至第三。位居第四的德国曾与日本有着 2 万多亿美元的差距,然而现在差距已经缩小至几千亿美元的水平。不久后,日本极有可能失去'世界第三'的称号。不仅如此,有预测称日本 2050 年的经济水平将缩水至中国或美国的八分之一,退居世界第九。"

时至今日,我不由得反思自己过于天真的预测。IMF(国际货币基金组织）的统计显示，2022 年各国名义 GDP 排行榜中，美国（约 25.5 万亿美元）排名第一，中国（约 18.1 万亿美元）排名第二，日本（约 4.2 万亿美元）排名第三，德国（约 3.4 万亿美元）排名第四。日本的名义 GDP 已经是美国的六分之一，少于中国的四分之一，并且仅与德国的差距已经进入千亿美元的数量级，与印度相差 8000 多亿美元。在不久的将来，德国将实现对日本的反超，印度也将紧随其后，日本的世界排名将在这一两年内滑落至世界第五。

经济泡沫破裂后"失去的 30 年"间日本经济停滞，此后也没能脱离泥潭，经济不断衰退。不过换个角度看，我们也可以把现在的日本理解为世界的"领先指标"。

"问题发达国家"的日本应当展示的未来国家形象

日本已经步入"超级老龄化社会"。正如本书所述，日本的老龄化率位居世界第一，国民寿命增长，高龄健康老年人数量增多，可喜可贺，但这确实增加了劳动年龄人口的负担，从而成为经济增长的枷锁。然而，对于欧美各国以及其他东亚国家来说，老龄化引发的社会问题日趋严峻。由此可见，日本在老龄化社会方面属于"问题发达国家"。

我于 20 年前提出了"低欲望社会"的概念，敲响了警钟。现在日本依旧是低欲望社会，而这正是消费低迷的主要原因。日本人，特别是 20 世纪 80 年代后出生的日本人，打记事起日本经济便低迷不振。出于对未来的担忧，他们不愿意申请大额贷款，所以就算降低贷款利率也无法引起他们贷款的欲望。也就是说，降低利率以促进消费、拉动投资的凯恩斯经济学方法已然行不通。

我在著作《低欲望社会》中阐述了这一概念，该书的中译本在中国十分畅销。以前中国是一个高欲望社会，然而近些年，中国的年轻人也开始关注低欲望问题。由此可见，低欲望社会是众多国家共同面临的问题。

这个问题也与日本的老龄化问题紧密相关。日本有高达2000 多万亿日元的个人金融资产，其中六成以上均为 60 岁以上的老年人所有。这些资产存在金融机构中得不到利用，获得的利息也少之又少。加上日本金融厅发布了错误的估算，称"退休后大约需要 2000 万日元填补退休金的缺口"，这更使老年人捂紧了钱包，消费愈加低迷。

既然如此，我认为，日本应当探索老龄化社会和低欲望社会两大问题的解决方案，成为世界的标杆。日本应该展示独特的未来国家形象，此点我也在《低欲望社会》中有所探讨：

"低欲望社会史无前例。日本率先进入低欲望社会，正因如此，我们需要对症下药，实施新的政策，但是安倍政权却一如既往地实施自民党式的撒钱政策。

"本书的前半部分表明，凯恩斯经济理论在 20 世纪被奉为神话，但是它无法适应低欲望社会，故安倍经济学未能在日本起作用……到头来，学者和政治家使用的'理论工具'都出自近百年前的欧美国家，而新的'理论工具'必须满足低欲望社会日本人的心理诉求。"

我们已经明确了接下来的前进方向，只差朝着目标迈步向前。

银发群体，你们应该如何度过晚年

2017 年，改编自儿童文学家吉野源三郎小说的同名漫画《你想活出怎样的人生》迅速走红，由宫崎骏亲自操刀、吉卜力工作室制作而成的同名动画电影也于 2023 年 7 月上映。该小说引导孩子思考自己的生活方式和人生意义，因此大火，但是书名包含的人生之问更应该是当今银发群体需要思考的问题。

本书将分析日本超级老龄化社会的现状，为银发经济中承担服务的企业一方提供发展方案，并根据我 80 年的人生阅历，谈谈银发群体眼中的晚年生活方式。

我一直认为，如果银发群体可以更好地享受自己的晚年，那么将会有超过 2000 万亿日元的个人金融资产进入市场，促进资金周转，继而带动经济活力，这对家庭、对国家都极为有益。

　　日本是世界第一的超级老龄化社会，同时也是"单身社会"，"一人户"家庭占比不断向四成逼近。2020 年日本国家人口普查结果显示，日本"一人户"家庭占总家庭户的 38%，与 1980 年的 19.8% 相比几乎翻了一番。过去，人们把由夫妇二人和孩子组成的家庭称为"标准家庭"，现在这样的标准家庭的比例已经缩小至 25%。就此，日本国立社会保障人口问题研究所（简称"社人研"）对未来的情况进行了推算，结果显示 2040 年日本"一人户"家庭的占比将增加至 40%，而标准家庭的占比将减少至 20%。

　　日本是"问题发达国家"，善于找出问题并及时解决，所以也应该就上述问题率先向世界贡献可行的解决方案。为此，我写下本书，希望能为相关政策的制定提供方向，同时也为日本的银发族提供晚年生活方式的建议。

　　过去，我通过自己创办的创业者商学院 (Attackers Business School，ABS) 和商业突破大学 (Business Breakthrough School，BBT)，为 1000 多家创业公司提供支持。现在，我还举办了"构思能力讲座"等，为公司开展新业务，发掘新增长点。而在我看来，现在以银发族为导向的业务最具发展前景。

　　最后，我向负责本书数据分析和调查研究的商业突破大学综合研究所，特别是木村博之先生表示由衷的敬意和衷心的感谢。

　　希望读者可以从本书中获得今后人生的感悟。

大前研一

2023 年 10 月

目　录

XI

序　章

我们能为"持续衰老的日本"做些什么

终于"突破 80 万人"

日本于 1899 年（明治 32 年）起统计出生人口数，2022 年日本的出生人数为 77 万零 47 人，首次低于 80 万人。社人研 2017 年公布的估算数据显示，日本出生人数连续 11 年下滑，少子化进程加速。

加上新冠疫情的影响，日本总和生育率（即一位女性一生平均产子数）连续 7 年不断下降，降至 1.26 的历史新低。该数值不仅不及维持目前人口数的 2.06，也远低于政府提出的"希望出生率"（希望结婚生子的年轻人实现生育愿望时的出生率）1.8 的目标。若不制定彻底的对策，恐怕少子化不会停下其飞速的脚步。

为帮助家庭育儿，日本政府为怀孕并持有母子健康手册的女性新设了"生育、育儿援助给付金"，以优惠券的形式针对每个孩子发放 10 万日元，用于购买生育、育儿的相关物品及服务。

但是，就未婚男女的现状来看，这种杯蒿的帮扶措施不过是杯水车薪。日本少子化进程还将继续，日本也必然走向衰退。

三分之一的未婚男女表示"不想谈恋爱"

内阁府 2022 年版的《男女共同参画白皮书》显示，20～30 岁的年轻人中，没有配偶或对象的男性占 65.8%，女性占 51.4%，没有约会经历的男性占 40%，女性占 25%（详见第 2 章）。

再看社人研于 2022 年 9 月发布的《第 16 次出生动向基本调查（关于结婚和生育的全国调查）》（见图 0-1）。调查显示，18～34 岁的未婚群体中，有对象或已订婚的男性占 21.1%，女性占 27.8%，有同居经历的男性只有 6.4%，女性只有 8.2%。此外，有性经验的男性占 53%，女性占 47.5%，即一半左右的男性、女性都是处男处女。

而且，18～34 岁的未婚男女中，三分之一选择了"没有特别希望与异性谈恋爱"（参见图 0-1）。问及单身生活的好处时，选择"可以自由地行动、生活"的人最多，男性占 70.6%，女性占 78.7%，认为"不用赡养家人，过得比较轻松"和"在住房和生活环境方面拥有更多选择"的人数也有所增加。

另外，自 1982 年起，有结婚意愿的 18～34 岁未婚男女的平均理想孩子数持续降低。本次平均理想孩子数调查

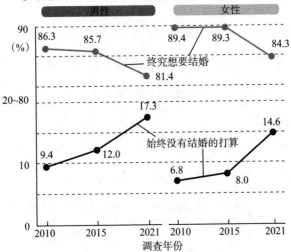

● 未婚人士一生不同时期的结婚观

三分之一的未婚男女表示"不想谈恋爱"

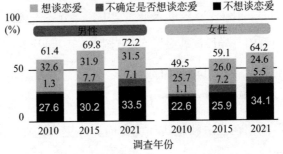

● 没有对象的未婚人士比例及其对谈恋爱的看法
最上层的数字表示"没有对象"的未婚人士的比例

图 0-1 　无结婚意愿的不婚族人数不断增加

注：调查对象为 18～34 岁的未婚男女。

资料来源：社人研，《第 16 次出生动向基本调查》。

中，男性的调查结果为 1.82 个，女性的调查结果为 1.79 个，首次跌破 2 个。所以，即便有结婚意愿，认为婚后"2 个孩子太多"的年轻人逐渐增多。在这样的背景下，新生儿的数量不可能有所增加。

人口减少与当今日本国力的下降有直接的联系，此点毋庸置疑。面对这样的现状，日本政府是否推出了根本性对策呢？对此，我心里很没有底。正如先前所述，政府推出了如生育准备金等仅限于特定场景的政策，到头来只是希望用钱来解决一切问题罢了。

"不同维度的少子化对策"只是一具空壳

2023 年 1 月，岸田文雄首相在年初的记者招待会上表示，希望"挑战不同维度的少子化对策"，并在施政演讲中表示，"在 6 月出台经济财政方针前[⊖]，将发布未来在儿童、育儿方面预算加倍的施政大框架"。

对此，岸田首相举出了三个具体措施：第一，强化以儿童津贴为主的经济帮扶。第二，以育儿家庭为对象，加

⊖　即"骨太方针"，该方针是日本政府于 2022 年 5 月 31 日公布的岸田文雄政府的首份经济财政运营指针草案，写明将以 100 万就业者为对象支援其重新学习，还将向去碳化等 4 个增长领域重点投资。——译者注

强学童保育、患病幼儿护理、产后恢复和临时照护方面的支持。第三，推动包括强化育儿休假制度的劳动改革，扩充完善上述制度的辅助制度。以上措施只能称得上是现存政策的延续，何处体现了不同维度？真让人摸不着头脑。

再者，到底以何为基础进行"加倍"？就此，岸田首相表示"暂未决定其中的内容……无具体数字"，不断搪塞。也就是说，"不同维度的少子化对策"同岸田政权提出的"数字田园都市国家构想"以及"资产收入倍增计划"一样，虽然作为主要政策大肆鼓吹，却只是一句广告语，缺乏内容，如同一具空壳。4月，日本政府新设"儿童家庭厅"作为少子化对策。然而，岸田政权随意推出的"拍脑袋"政策更像是玩文字游戏，这样的政权终究无法扭转日本的少子化趋势。

岸田首相还在上述施政演讲中强调，"儿童、育儿政策是亟待解决的问题，必须及时应对"，然而事到如今，政府依旧不想认真直面少子化问题。他们并不希望改变现行制度，但是这些制度正是少子化的根本原因。

法国式少子化对策相关讨论也停滞不前

日本社会上还出现了导入新制度的探索。这里提到的新制度是"Ｎ分Ｎ乘方式"税收制度，是我大约 10 年前开始在经营者学习会——"向研会"上提倡的制度。

自民党干事长茂木敏充曾与我共事于麦肯锡公司，是我的部下，他同时还任平成维新会理事长一职。他从 5 年前开始一直主张该制度能有效应对少子化问题，并在 2023 年 1 月的众议院全体会议上做出相关提议。

"Ｎ分Ｎ乘方式"税收制度源于法国。法国的总和生育率为 1.83（2020 年），在发达国家中排名靠前。该制度将所得税的课税对象由个人变为家庭，用家庭总收入除以家庭人数，在此基础上使用累进税率征税。累进所得税方面，分摊总收入的家庭人数越多，适用的累进税率越低，即孩子越多，税率越低，缴纳的税额越少，所以能起到刺激生育的作用。

然而，财务大臣铃木俊一对导入新制度态度消极。他认为，日本现行累进征税制度根据个人收入划分税率，如果导入"Ｎ分Ｎ乘方式"税收制度，"必须将征税单位从个人变为家庭"，这样一来"与双职工家庭相比，单职工家庭能够得到更多的优惠""在税收制度方面给高收入群体提供了巨大的便利"，存在诸多问题，不便导入。

但是在我看来，以上争论不应该以维持现行累进所得税制度为前提，现行制度过分严苛才是问题所在，铃木财务大臣的发言其实就是财务省消极怠工的借口。

日本所得税税率根据征税金额分为 5%～45% 7 个档次，比如：330 万日元对应 20% 的税率，695 万日元对应23%，900 万日元对应 33%，这几乎等同于外国富裕阶层缴纳的重税税率。比如，美国的税率为 10%～37% 7 个档次，与日本相比累进幅度更加缓和，中等收入群体的税率也更低。如果日本的累进幅度能有所缓和，那么中等收入群体也可以更好地享受"N 分 N 乘方式"带来的优惠，更愿意多生孩子。不仅如此，这还能鼓励富裕阶层和想要拥有大家庭的人积极生育。

自民党式的传统家庭观才是真正的"障碍"

除税收制度外，户籍制度是出台日本少子化对策中最大的障碍。

如果想要真正地减缓少子化进程，我们必须撤销引发私生子女（非婚生子女）歧视的户籍制度。

韩国 2022 年的总和生育率为 0.78，创历史新低。日本2022 年的总和生育率为 1.26，连续 7 年下滑。韩国和日本私生子女的比例仅有 2% 左右，与私生子女占 40%～70%

的欧洲各国相比相差悬殊。韩国已于 2007 年底废除了户籍制度，而日本则墨守成规，继续实行以父系血统为基础的户籍制度。

欧洲的丹麦女性地位较高，其总和生育率为 1.77（2020 年），其中私生子女占 50% 以上。瑞典等国在授予新生儿国籍时，不看孩子父亲的身份，只要为本国国籍女性所生，都作为国民"登记"并授予国籍。也就是说，不管孩子母亲与交往的男性间是否存在法定婚姻关系，不管孩子是婚生子女还是非婚生子女，都与国籍认定无关，因为可以确定孩子母亲的身份。

如果日本想认真地推进少子化对策，就不应该纠结于两性双方是否存在法定婚姻关系，且应该让想要孩子的夫妇通过试管婴儿或领养的方式拥有孩子。若是这样，夫妇各自保留原有姓氏变得理所当然。

岸田政权并没有推出彻底的解决策略，自始至终只以撒钱敷衍了事，更让国民对未来充满担忧，陷入了恶性循环——这就是日本的现状。

孩子们"与生俱来"的负债

2023 年 3 月，日本政府 2023 年度预算案制定完毕，预算案中一般会计总额为 114 万亿零 3812 亿日元，与前年预算案相比高出 7 万多亿日元，连续 11 年创历史新高。主要原因有：需要更多预算应对新冠疫情和物价攀升问题；老龄化社会带来的社会保险费上涨；大幅上调防卫费。

同时，日本"国家的债务"（国债、政府借款、政府短期债券的总和）在 2023 年 6 月末达到 1276 万亿零 3155 亿日元，创下历史最高纪录。简单换算到每个国民身上，即每人有超过 1000 万日元的负债，且负债今后极有可能进一步增多。

看着负债累累的日本，我不禁想起了 1984～1989 年间新西兰首相戴维·朗伊实行的大改革。

新西兰国家党执政期间，新西兰经济从 20 世纪 70 年代后半叶开始每况愈下：通胀加速，经常项目收支恶化，财政赤字不断扩大，国民平均负债金额高居世界榜首。

在此背景下，为赢得总统选举，工党领袖朗伊设计了一个别出心裁的电视广告。广告上有一个可爱的小女孩，广告词写道："这个孩子一出生便背负着 5 万美元的十字架（债务）。"朗伊以此为宣传语，为自己的竞选拉票。也许我记忆中的这个负债金额不是十分准确，但总之，朗伊领导的工党提出了重建经济和健全财政体系等竞选主张，并在这令人印象深刻的宣传语的助攻下成功赢得了该届选举。他表示，"就算得不到国民支持，也要果断进行改革"，并起用罗杰·道格拉斯为财务部长，在制度缓和、国有企业私有化、税收制度改革、减少补助金、完善行政部门职能等方面进行了大刀阔斧的改革。

由此，新西兰经济脱离了低迷的泥潭，财政赤字也得到了改善。这就是涵盖经济、财政、行政三方面改革的罗杰经济学，它与英国的撒切尔主义、美国的里根经济学并称为 20 世纪代表性经济政策，广为人知。

然而，日本的债务余额已是 GDP 的两倍多，这在主要发达国家中也位居前列，岸田文雄首相此时却还没有罗伊首相彼时的危机感。经济不见长，国家负债却越来越多——可以说，日本经济与过去的新西兰经济一样出现了异常。

慷慨的补助金也终将变为国民的负担

尽管如此，政府却接连推出助长负债的政策。比如，全国平均常规汽油价格为每升 170 日元，如果高于该价格，那么政府将向石油总经销商发放最高每升 35 日元的"汽油补助金"。这项措施从俄乌冲突爆发前的 2022 年 1 月开始实施，预算案已经超过 6 万亿日元。

自政策实施时起我便在杂志上连载批判，表示这"不仅扭曲了石油、汽油相关行业的市场价格，还扭曲了上市石油销售公司的股票价格"。不出所料，三大石油总经销商（新日本石油、出光兴产和科斯莫能源公司）2022 年 3 月决算期的净利润创历史新高，2023 年 3 月决算时三家公司都实现增收，这里面绝对有问题。

原油价格上升带来了库存估价上升，比起供应价格下跌，原油销售价格上升带来的收益增长较为显著。正因如此，政府不应该拿国家补助金增加该类公司的收入。继续推进本末倒置的扭曲政策无异于"犯罪"，国民终将是它的受害者。

据报道，政府每月需要花费 3000 亿日元发放汽油补助金，所以最初政府官员中也不乏质疑的声音，认为"若继续实施，则有必要考虑如何终止"（时任经济再生大臣的山际大志郎这样说）。但是在我看来，应该立即终止该项措施。零售价上涨后消费者更加节省，能源消耗量降低，以此形成良性循环，这才是经济运作的规律。

此外，为防止小麦大幅涨价后价格再次攀升，政府规定 2022 年 10 月后进口小麦的政府出售价格保持不变

（2023 年 4 月起上涨了 5.8%）。当前，国民饱受物价暴涨的痛苦，政府有必要实施相关救济措施。然而若是实施救济措施，半年下来最高可能花费 350 亿日元，这些财政支出又要靠税款和国债填补，最终依旧由国民买单。

"国家的债务"是给子孙后代留下的账单，一边吹嘘"为了实施少子化对策"，一边让未来出生的孩子们背负越发沉重的"十字架"，这就是当今日本政府自相矛盾的政策。对于这样的日本的未来，我们怎能乐观?

我们应该如何盘活日本的经济，不让子孙后代为我们买单呢?

"银发群体"掌握着解决问题的钥匙。在接下来的一章里，我们将探索该问题的解决方案，让 65 岁以上人口占总人口三分之一的世界第一超级老龄化社会——日本恢复活力。

第 1 章

"银发经济新思路"：
人到晚年，能否不留遗憾地离去

满足老年人的多样化需求

在日本总人口数不断减少的背景下，2022 年日本 65 岁以上人口超过 3600 万人，创历史新高，老龄化率（老龄人口占总人口的比例）为 29.1%，居世界第一。

进入超级老龄化社会后，日本面临着诸多社会性问题。不过反向思考，如果我们能够构建起让老年人安度晚年的社会，就可以作为"问题发达国家"为世界树立榜样。

另外，如果把银发群体定位为目标客户，潜在顾客数将高达总人口的三成，我们便可以在为数不多的增量市场中发现众多商机。预计该银发市场规模高达 1200 万亿日元，潜力巨大、细分领域多、涉及范围广。

但是，大多数人不了解老年人的实际情况，所以成功开拓银发市场的企业少之又少。我们不能从"赚钱"的角度出发，应该优先考虑"如何让老年顾客满意"，营造让老年人放心消费的环境。

许多公司认为，银发经济始于照护场景，其实并非如此。从葬礼场景倒推，我们发现还有很多银发经济的"空白空间"

等待着被发掘。

　　银发族人口不断增加，呈现多样化发展趋势，因此晚年的生活方式也变得更加多元。满足银发群体多样化需求，能帮助日本银发族更积极、阳光地度过最后的人生阶段。

　　银发市场可以助推日本经济回升，让日本光明的未来成为可能。在此，我向大家提出银发经济的新思路。

银发经济新思路

日本人金钱观的两个特点

本书的主题是银发经济学。

我们这一代人成长于日本资源匮乏时期，关于金钱观的第一个特点是被教育要好好存钱，为未来做准备。正因如此，现在我们有 2000 万亿日元的个人金融资产，我相信大家应该对此有所耳闻。那么，2000 万亿日元到底是一个多么庞大的数值呢？我举个例子对比说明一下。

世界上最大的原油出口国沙特阿拉伯一年的原油出口额大约为 20 万亿日元。也就是说，日本沉睡在地下，即银行账户或家中柜子里的个人金融资产相当于沙特阿拉伯 100 年的原油出口额。我们听从父母的教导，一直勤勤恳恳、省吃俭用，十分出色地完成了存钱的任务。

日本人金钱观的第二个特点是去世后只留下资产，几乎没有负债，这是存钱教育的结果。最终，我们带着自己这辈子拥有过的最多的财富离世，这实在讽刺。平均下来，每个日本人去世时大约会留下 3000 万日元以上的现金，没有负债。

　　外国人的情况又是怎么样的呢？例如，中国人往往选择购置房产，也许还会炒股；美国人会在温暖地带（北纬37度以南的地区）或南部各州购买别墅，以便退休后居住；瑞典人跟日本人差得更多了，众所周知，瑞典是高税收国家，极少有人存钱，因为人生的最后阶段全部由国家负责，没必要存过多的钱；对意大利人来说，如果人死后还有剩余财富，那就是"耻辱"，去世前将钱花光才是他们的理想人生。

　　日本人一边存钱一边领退休金，还参加各类保险，资产这个概念本身就剔除了债务，从资产数据可以看得出来日本人存钱之多。在我看来，就这样带着未使用的巨额资金离开人世，实在可惜。

　　日本人没有利用资产负债表思考资产分配的习惯，然而如果我们转换思维方式，不仅能活得更加自由，日本整体经济也能随之焕发活力。这就是我接下来想为大家介绍的"银发经济学"的基本思路。

老龄化率高居世界首位

　　2022年，日本65岁以上人口超过3600万，创下了日本历史新高，老龄化率排世界第一（参见图1-1）。

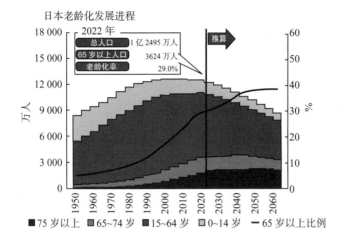

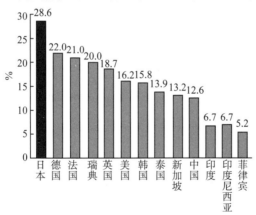

图 1-1　在日本总人口数不断减少的背景下，2022 年日本 65 岁以上
　　　　人口达 3624 万，创历史新高，老龄化率高居世界首位

资料来源：内阁府，《令和 5 年（2023 年）版老龄社会白皮书》。

图 1-1 上半部分图中最宽的灰色部分是 15 ～ 64 岁劳动人口，这部分数值今后将急剧下降。它下方较窄的灰色部分是 65 ～ 74 岁人口，再往下是 75 岁以上人口。这些部分的数值几乎不会下降。与此相反，最上方 0 ～ 14 岁人口部分将急剧变窄。

图 1-1 的下半部分图表示的是 65 岁以上人口占总人口的比例，即老龄化率。日本老龄化率为 28.6%，高居世界首位，德国位列第二，老龄化率为 22%。

人口变动体现的人口危机

接着，我们来看看统计学（人口统计学）数据（参见图 1-2）。

"团块世代"人口最多，他们出生于 1947 ～ 1949 年日本第一次婴儿潮时期，大约有 800 万人。他们的上一代人经历过战争，所以图上人口呈凹字形（而且 20 年后会因为受丙午年⊖的影响，人口急剧减少）。

⊖ 日本民间有所谓的"丙午年结婚克夫"的说法，有点类似于中国民间的"羊年出生命苦""金猪宝宝"等说法，虽然只是民间的说法，但还是会在一定程度上影响当年的出生率。——译者注

人口金字塔变化过程

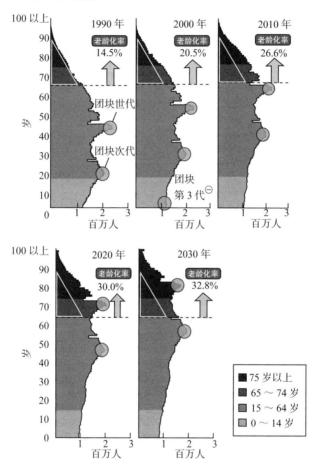

图 1-2 随着少子老龄化程度的加剧，老年人口金字塔"向上、向右"
扩张，逐渐呈幼虫状

资料来源：社人研，《人口金字塔》，BBT 大学综合研究所制作。

———————————

⊖ 指的是团块世代的孙辈。——译者注

　　20世纪90年代，团块世代⊖迎来工作全盛期，团块次代⊜也逐渐步入职场。所以此后一直到2030年，每个年代的图表中都会出现两个"山峰"一样的标记。1990年日本老龄化率为14.5%，预计将于2030年上升至32.8%。

　　2030年时，阴影标记的团块次代虽然没有触及65岁线，然而7年后他们将超过65岁。这样一来，老龄化率将飙升至40%以上。通过人口金字塔我们可以清晰地看出，浅灰部分表示的劳动人口部分将急剧变窄。这样下去，警察、消防队、自卫队，以及看护、照护等承担社会主要责任的岗位必然产生巨大空缺，事态紧急，问题愈加严重。

将超级老龄化社会问题转变为商机

　　日本进入超级老龄化社会后产生了许多社会性问题。图1-3根据电通公司发布的资料，列举出了各类问题。

　　比如，少子老龄化加剧、劳动人口减少、社会保障费飙升等问题逐步凸显，社会结构发生了巨大的变化；地方城市人口过疏问题进一步加剧，社区意识弱化、"一人户"家庭增多，地区结构也逐渐发生变化；"是我，是我"诈骗

⊖　该名称源于堺屋太一在1976年开始连载的小说《团块世代》，后被引申指代日本战后婴儿潮出生的一代人。——译者注
⊜　指的是团块世代的子女一代。——译者注

超级老龄化社会产生的问题

日本进入超级老龄化社会

| 社会层面的问题 | 个人层面的问题 |

社会结构的变化
· 少子老龄化
· 劳动人口减少
· 社会保障费飙升

身体机能下降
· 难以行走，活动困难
· 感觉功能下降
· 认知功能下降

地区结构变化
· 地方城市人口过疏化问题加剧
· 社区意识弱化
· "一人户"家庭增多

日常生活难以自理
· 洗衣做饭
· 购物
· 睡觉

催生的社会问题
· "是我，是我"诈骗
· 老年人引发的交通事故
· 火灾

社会性行为方面的困难
· 与社会脱节
· 外出难
· 交流难

· 解决超级老龄化社会问题能够催生商机！
· 对于人口不断减少的日本来说，银发经济是为数不多的增量市场。

图1-3 日本进入超级老龄化社会后产生了许多社会性问题，然而这为数不多的增量市场中蕴藏着巨大的商机

资料来源：根据电通公司《电通报 超级老龄化社会课题解决业务NO.1》删改而成。

等社会性问题愈演愈烈。银发族意识不到诈骗，这听起来很不可思议，但是实际上特殊诈骗每年的总受害额约有 300 亿日元。

此外，还有人指出存在个人层面的问题，比如老年人身体机能下降，日常生活难以自理，难以外出或进行社交等社会性活动，容易与社会脱节。

然而，如果我们换一个思路看待超级老龄化社会问题，就能发现我们在解决问题的同时，还能从中寻找到巨大的商机。

从 20 多年前起，我在创业者商学院等地授课时就表示，今后以老年人为目标客户，涉及葬礼、墓地等处理后事服务的经济将成为日本唯一的朝阳产业。然而，现在各类社会问题越发凸显，所有的社会问题都能转变为企业的商机。

* * *

"银发族"和"上了年纪的人"两词给人印象上的区别

接下来，我们一起看看令和时代[⊖]银发族的现状。

　　㊀ 令和为日本第 126 任天皇年号，始于 2019 年。——译者注

称呼方面，有银发族、老年人、上了年纪的人、爷爷、奶奶等，中老年人也有多种称谓。于是，我们采访了不同年龄层的人，询问"多大年纪的人可以被称为'叔叔／阿姨'"。对此，20～29 岁以及 60～69 岁的群体认为大约从 47 岁起（参见图 1-4），而 70～79 岁的群体认为大约从 55 岁起可以被称为"叔叔／阿姨"。也就是说，不同年龄层对同一称谓的定义不同。

调查发现，不同年龄层对"爷爷／奶奶"或者"上了年纪的人"等称谓的理解也有所不同。然而，所有年龄层都认为"银发族"指代 60 岁以上的人，就平均印象来说年龄超过 61.6 岁即为"银发族"（世界卫生组织的定义为 65 岁以上）。而"上了年纪的人"一词的印象年龄平均值为 73.1 岁，印象年龄最大，与"银发族"的印象年龄差 11.5 岁。

"银发族"所指范围最广，且印象年龄被所有年龄层认可，因此接下来我将也使用"银发族"一词指代所提对象。

出乎意料的"银发族现状"

谈到银发族，大家脑海中会浮现出什么样的形象呢？也许大家想象中的他们与现实中的他们有着巨大的差距。

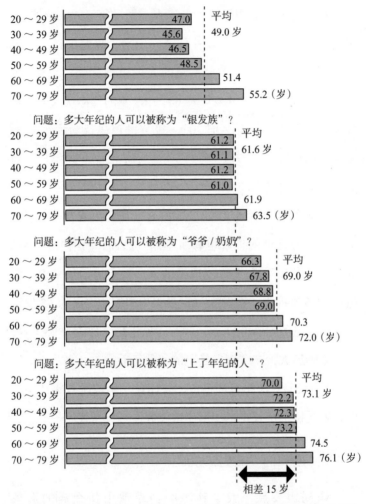

图 1-4 "银发族"和"上了年纪的人"两个称谓的印象年龄最多相差
11.5 岁

注:调查对象为全国 20 ~ 79 岁的男性和女性,共 10 894 人。调查时间
为 2021 年 12 月 10 日 ~ 12 月 15 日。

资料来源:三得利健康(SUNTORY WELLNESS)株式会社,《印象年龄
白皮书 2022》。

首先，大多数人认为银发族使用翻盖手机，其实并非如此。实际上，77%的银发族都拥有智能手机。据说，在新冠疫情期间，因为需要用手机预约疫苗的预防接种，所以智能手机迅速普及开来，可以说翻盖电话完成了加拉帕戈斯化[⊖]。而且，七成的60～69岁人口以及超过四成的70～79岁人口都在使用LINE[⊜]，这与大家想象的有些出入吧。

其次，很多人认为银发族喜欢看电视，经常进行电视购物，其实并非如此。比起电视购物（占11%），使用电脑或手机网购（占23%）的人数更多。此外，还有人参与奥运会选手和青年政治家的"应援"，会在电视机前为他们加油助威。因为在银发族的眼里，他们如同自己的儿辈、孙辈。

另外，希望庆祝敬老之日的银发族只占18%，他们更希望取消这个节日。他们认为，虽然年龄不断增长，但自己明明还能健康地生活许多年，却需要被迫庆祝节日，实在伤脑筋。实际上，62%的银发族希望自己在身体依旧健康的年纪继续上班。

⊖ 日本商业用语，是指在孤立环境下，为努力适应该环境，产品或技术丧失了和区域外环境的适应性，当面对来自外部（外国）适应性（泛用性）和生存能力（低价格）更强的品种（产品或技术）时，陷入被淘汰的危险。——译者注
⊜ 日韩常用的即时通讯软件，类似于国内的微信。——译者注

　　四分之三的银发族表示自己十分喜爱孙辈，所以除盂兰盆节和年底过年以外，他们也会找借口试图与孙辈见面。还有许多人表示，就算无法见面，也希望每天看看孩子们发来的视频和照片。

　　不过实际上，银发族其实过得十分孤独。统计结果显示，三分之一的银发族过着"独居生活"，也就是"一人户"家庭生活。

不同年龄层的银发族形象

　　"银发族"一词涉及范围大，因此我们将其进行区分，对不同年龄层的银发族一一分析，这样可以更好地把握他们的实际情况（参见图 1-5，年龄取至 2022 年底的周岁年龄）。

　　首先，年龄最大的 87 岁以上一代，即 1935 年以前出生的战前世代，总共约有 750 万人。女性更长寿，所以男女比为 1∶2。对于这代人来说，最具影响力的明星有春日八郎、美空云雀、三根德一（Dick Mine）等人，虽然他们现在已经淡出了人们的视野，但都曾是大火歌手，拥有许多热门歌曲。这代人关注的市场的关键词是"终活"[⊖]"遗产继承""照护""衰弱"等。

　　⊖ 指的是人生即将面临终点时的一些计划与安排。——译者注

不同年龄层的银发族形象

时代	泡沫经济世代	后团块世代	团块世代	战争世代	战前世代
年龄[1]（出身年份）	53～60岁（1962～1969年）	61～72岁（1950～1961年）	73～75岁（1947～1949年）	76～86岁（1936～1946年）	87岁以上（1935年以前）
人口[2]	约1200万人	约2000万人	约620万人	约1300万人	约750万人
特征	·流行文化、游戏 ·滑雪、东京朱莉安娜（Juliana Tokyo）迪厅 ·随身听 ·兴趣广泛、工作、兴趣各占一半	·家电丰富、品种繁多 ·晨间剧开播 ·《周刊少年Jump》创刊、首都高速开通 ·家庭主妇、工作狂 ·迎接退休、探索人生	·95%以上的人元气满满、充满活力 ·个人房产神话 ·快餐、牛仔裤等 ·经济高速增长	·举办红白歌合战、东京塔 ·三个神器（电视、冰箱、洗衣机） ·大约三成的人口需要照护 ·学生运动兴盛 ·了解战争的一代	·男女比为1∶2 ·父母辈出生于明治和大正年代 ·战争亲历者 ·大约一半的人口需要照护
时代风云人物	·ALICE乐队 ·粉红女郎组合（Pink Lady） ·山口百惠 ·Candies女团	·北野武、坂本龙一 ·小柳留美子、森进一 ·喜剧组合 The Drifters ·老虎乐队	·田中角荣 ·坂本九、吉永小百合 ·石原裕次郎 ·披头士	·弗兰克·永井 ·三桥美智也	·三根德一（Dick Mine） ·藤山一郎 ·美空云雀 ·春日八郎
关注的市场	·兴趣爱好、包括兜风、旅游 ·学习、考证、鉴定考试 ·第二人生（游戏） ·恋爱、美食、美容 ·商品服务	·创业、就业、参与社会活动 ·长期居留许可、度假胜地、外国 ·抗衰老、运动 ·孙辈、学习	·娱乐、看演出 ·少儿家庭用家电、智能手机 ·资产形成 ·出国游、国内游 ·邮购、健康食品	·邮购 ·温泉 ·国内游 ·终活 ·资产形成 ·银发族住宅	·营养不良、衰弱、吞咽 ·照护、照护之家 ·银发族住宅 ·资产形成 ·"终活"、遗产继承

图 1-5　当今银发族人口逐渐增多，呈现多样化趋势，我们不能笼统地将他们归为一类人，应该拆分为不同年龄层分别考察，这样才能更好地把握他们的实际情况

① 年龄取 2022 年底周岁年龄。
② 人口为 2020 年底估算人口。
资料来源：社会服务。

其次，我们来看76～86岁的战争世代，我也属于这一代。战争世代大约有1300万人，人口众多。这代人年轻时正是学生运动兴盛的时期，我也饱受学生运动的影响——日本的学校遭到封锁，导致久居国外的我久久不能返校。这一代人受三桥美智也、弗兰克·永井等人的影响最深。我就是在三桥美智也的歌曲中度过了自己的中学时代，现在就算不看歌词，我也能唱出三桥美智也歌曲榜排前三的歌曲。

然后就是年龄再往下的团块世代。这一代人出生于1947～1949年，约有620万人。短短三年就有620万人出生，由此大家可以体会到出生人数之多。这一代人受披头士、石原裕次郎、田中角荣等人影响，很多人还是吉永小百合的粉丝。

接着是"后团块"世代，年龄在61～72岁，约有2000万人。当时的当红明星已经更新换代，有老虎乐队、喜剧组合The Drifters、北野武、坂本龙一等。这一代人对"创业""度假胜地""抗衰老"等内容更感兴趣。

最后就是约有1200万人的泡沫经济世代。他们在53～60岁，即将步入银发族的行列。他们受流行文化影响，曾在东京朱莉安娜迪厅等地蹦迪。他们较为关注"恋爱""美食""美容"和"旅游"等市场。

如上所述，我们将银发族划分为不同年龄层，进行对比后发现了他们不同的成长经历。接下来，我们将结合以上分析，思考应该发展怎样的银发经济。

各领域的银发市场

日本 2000 多万亿日元的六成，也就是约 1200 万亿日元的个人金融资产都为 65 岁以上的银发族所有。由此可见，银发经济市场广阔、潜力巨大。

图 1-6 的下半部分展示了各领域银发市场的主要内容。

首先，"生活"领域包含了各种业务，涉及生活的方方面面。现在的银发族大都在一家公司工作，一直干到退休，然而退休后还想继续工作，所以会寻求就业援助；紧接着，年轻时购买的住宅逐渐老化，问题频出，所以也会产生搬家、装修、移居援助等需求；孩子们搬出去独自生活，家里经济条件更加宽裕，他们会在吃饭时偶尔奢侈一下，也会渐渐开始在休闲、娱乐、健身、旅游、金融等方面消费。

接着，我们来看看医疗、药品相关领域。随着年龄的增长，银发族的身体渐渐出现许多小毛病，因此，他们十分关注与保持健康、治疗疾病相关的市场。因此，医疗用

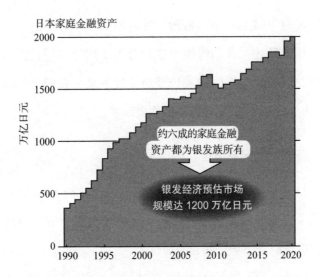

银发市场主要分类

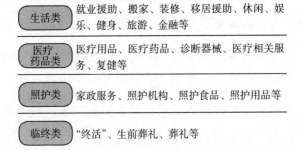

生活类	就业援助、搬家、装修、移居援助、休闲、娱乐、健身、旅游、金融等
医疗、药品类	医疗用品、医疗药品、诊断器械、医疗相关服务、复健等
照护类	家政服务、照护机构、照护食品、照护用品等
临终类	"终活"、生前葬礼、葬礼等

图 1-6　国内银发经济预估市场规模达 1200 万亿日元，潜力巨大，产业关联领域多，涉及范围广

资料来源：日本银行，《资金循环统计》。日本政策金融公库，《调查月报 2019 NO.133》，BBT 大学综合研究所制作。

品、医疗药品、诊断器械，甚至复健方面的商品和服务都蕴含着极大的商机。

除此之外，照护领域也尤为重要。照护本身与医疗护理相关，不过这里说的照护指的是家政服务、照护机构、照护食品、照护用品等更加贴近生活的内容。

最后是临终领域，也就是所谓的"终活"、生前葬礼、葬礼、墓地等市场。

如上所述，银发市场涉及诸多领域，且各领域内容有很大差别。

* * *

朝阳产业 + 高利润率的医疗照护领域

银发市场中医疗照护领域属于朝阳产业，具有高利润率的特征。

因此，很多公司都开拓了医疗照护方面的业务。比如，几年前，日本财产保险公司收购了从事居家饮食和在外就餐行业的和民公司的照护部门和一家 Life Message 公司，正式进入照护行业，现在其制作的看护床销量位居全日本第一。

再比如，索尼金融控股集团旗下的索尼生活公司、东京电力公司和冲电气公司也开拓了照护业务。友爱控股在日本拥有 28 家收费养老院，索尼生活公司将其作为子公司收入囊中，进入了照护行业；东京电力公司活用两万栋住房顾客的数据，为顾客提供"远程看护、安全监控"以及"远程交流""健康照护"等服务，让顾客离家在外也能时时刻刻把握家中的情况；冲电气公司作为通信器械生产公司，为赶上照护行业热潮，推出了"Yume Pro"项目，同时在预防阿尔茨海默病和早期发现糖尿病等方面积极地研发新技术。

随着"一人户"家庭增多，使用通信设备、AI 等"看家"以掌握家中异常状况的业务也不断增多，备受瞩目。

当今时代里，为什么健康照护备受瞩目

在此，我想向大家展示健康照护市场的规模和现状（参见图 1-7）。

大家现在为什么如此关注健康照护领域？首先，这与少子老龄化引发的严重的社会问题有关。银发族不断增多，而支撑社会的劳动人口却不断减少，因此少子老龄化成了亟待解决的重要问题。其次，新冠疫情也是影响因素之一。

人类这次在疫情中深刻体会到了传染病的危险，并且接下来还有可能出现新冠疫情这样的状况，对此我们无法预测。更重要的是，低迷的经济和高涨的医疗费还在慢慢地增加家庭的负担。以上三点就是健康照护领域备受瞩目的社会背景。

当今时代里，为什么人们注重健康照护？

社会问题（医疗、健康照护）	技术进步
少子老龄化 新冠疫情 经济低迷，医疗费高涨	手机的普及 云端技术 AI

数字化健康照护带来的价值
让更多人拥有就医和使用医疗资源的机会　提升医疗服务质量　降低医疗成本

图 1-7　人们越发倾向于用科技手段解决少子老龄化、医疗费高涨、新冠疫情等日益严重的社会问题

资料来源：BBT 大学综合研究所以 NEC 资料为基础制作。

不过，科学技术不断发展，手机不断普及，云端技术和 AI 也逐步投入使用，从前我们不敢想象的不可能逐渐变为可能。比如，科技让更多人拥有就医和使用医疗资源的机会，有利于提升医疗服务的质量，降低医疗的成本。

但是，现在主导日本数字化健康照护的究竟是谁？是厚生劳动省，还是日本医师会？指挥官无影无踪，负责人

尚未明确，厚生劳动省还在不断更换大臣。就这样，数字化健康照护在无人担责的情况下始终没有任何进展。

高额医疗费的现状

图 1-8 向大家展示了日本医疗在医疗设施、医疗器械和医护人员方面的开销。

截至 2019 年，国民医疗费大约占 GDP 的 8%，具体金额超 44 万亿日元，创历史新高。

日本有约 8300 家医院，数量排世界第一。第二是美国，有 6146 家医院。美国国土面积广大，人口大约是日本的 3 倍，两国数据一对比，可见日本医院的数量之多。

高级医疗器械 MRI（磁共振成像机器）和 CT（计算机层析成像仪）的配备情况更具代表性。日本每 100 万人口对应 51.7 台 MRI 和 107.2 台 CT，两个数据均为世界第一。如果在自家医院或诊所导入这些医疗器械，就可以获得相应的诊疗报酬，所以大家在器械导入投资方面都呈积极态势。因此，只要患者有必要接受检查，以防万一，医生都会毫不犹豫地使用 MRI 和 CT。

日本的药剂师人数也是世界第一。平均每 10 万人对应 190 名药剂师，共计 31 万人，比经合组织的每 10 万人对应

高额医疗费凸显的问题

国民医疗费	"44 万亿零 3895 亿日元"，创历史新高（2019 年度，约占 GDP 的 8%）
医院数	"8300 家"，世界第一（第二是美国，有 6146 家）
MRI、CT	"每 100 万人口有 51.7 台 MRI/ 每 100 万人口有 107.2 台 CT"，双双居世界第一指每 100 万人拥有的 MRI 和 CT 的台数
药剂师	"每 10 万人平均有 190 人"为世界之最（共计 31 万人，经济合作与发展组织平均数为 86 人）
药房	"60 171 家"（日本的便利店大约有 57 000 家）
诊疗次数	"每人每年平均 12.5 次"，世界第二（经济合作与发展组织的平均值为 5.3 次，世界第一为韩国的 17.2 次）

资料来源：根据经济合作与发展组织 (OECD)，《图表看医疗 2021：日本》及其他报道制成。

削减医疗费的大方向

减少不必要的医院就诊

医生诊断认为无须医院就诊的，不属于保险报销范围。

非处方药不得开具处方

严禁为减少个人负担前往医院开具非处方药处方的行为。

使用 "成功报酬型" 药价

欧美医药制度是根据用药患者实际效果决定药品偿还价格的制度。比如：如果使用 Luxturna（虹膜遗传病治疗药物）后在一定期间内不起作用，则退还全部药费。

导入 AI，减少药房数和药剂师人数

导入 AI 等实现药房制药机械化，从而减少药剂师人数，大幅削减成本。

积极宣传医疗旅游观光

日本医院病床、设施严重过剩。为获得财政盈余，积极招徕外国人前来进行医疗旅游观光。

图 1-8　为削减日益高涨的医疗费，有必要推进医院、药房经营方式的根本性改革

资料来源：小学馆 2019 年 4 月 26 日《周刊 POST》，大前研一记事。

86 名药剂师的平均值多出一倍多，可见人数之多。现在，药剂师的工作变得十分简单。过去，药剂师一般用盘式天平秤和砝码称出"一次服药的克数"，以此调剂，然而现在他们大多只是根据医生的处方拿出配比好、包装好的药品。此外，药剂师还需要查询患者的用药历史，准确开出"每天服几次药、服多少药"的医嘱，但是打印好的用药指引或电子数据也能达到医嘱效果，所以从某种程度上看这项工作也可被替代。如果行业活用 AI 和机器人，甚至不需要药剂师这个职业。厚生劳动省省令规定，为防止药剂师向患者详细说明导致过度劳动或加班情况的发生，药剂师每人每天最多只能开具 40 份处方。然而，如果导入 AI 和机器人，该上限必将大大提升。

现在全日本有 6 万多家药房，甚至多于便利店。这就是"门前药房"现象产生的原因，所以大医院前有三、四家药房也并不足为奇。

据统计，日本人每人每年就诊 12.5 次，位居世界第二。经常与医生打交道的韩国人位居世界第一，每人每年平均就诊次数大于 17 次。经合组织的平均值为 5.3 次，可见韩国人和日本人的就诊次数之多。

削减医疗费的大方向

那么，政府应该如何削减这庞大的医疗费呢？

首先必须减少不必要的医院就诊。对此我认为，应该明确需就诊疾病和可自查疾病的定义。比如，如果患者只是感冒，那么就应告知其无须在医院就诊，并引导其服用非处方药（或一般常用药）。医生诊断后认为无须在医院就诊的，则不属于保险报销范围。所以如果不严格定义"需就诊疾病"，那么医疗费将会无止境地膨胀。

其次，如果拿着医生的处方去药房或药妆店等地购买非处方药，药价更低，可以减轻个人的负担。因此，就算只是买感冒药或发烧贴等，大家也想先去医院开处方。我认为，在可服用非处方药的情况下，医生不得开具处方。

以我过往的经验看，许多医生都喜欢"治不好"的疾病，比如胃溃疡、花粉症等，不管医生多认真都不可能完全治好。所以患者会多次就医，这对医生来说既能增加诊疗报酬，又能开具更多的处方。

日本的药价由药事审议会（药品食品卫生审议会）确定，欧美国家的药价视患者的医疗效果而定。如果患者用药后效果极佳，则需缴纳偿还金，相反，如果效果欠佳，则不需要支付药品费用。比如，美国的虹膜遗传病治疗药Luxturna 的定价采用的就是这种模式，即"成功报酬型"药价。使用 Luxturna 治疗双眼，一次需要花费大约 1 亿日元，是一种新型天价药，如果在服用后的一段期间内仍然不见效，患者便可以要求退还所有药费。

刚刚我还提到了运用 AI 和机器人，它们擅长医生和药剂师的工作，所以我认为，推进机械化进程，提高工作效率可以大幅降低患者的负担和医疗的成本，并能快速削减医生和药剂师的人数。

日本有一些"无医村"地区，通常是离岛或远离城市、隐藏在大山深处的村庄。应该在这些地区建立网络，实施远程医疗和线上问诊。如果建成了全天稳定、随时可以线上就诊的网络环境，那么只需要在突发情况下派出医疗直升机等急救即可。然而问卷调查结果显示，日本一半以上（文后提到的调查结果为 67%）的医生对远程医疗呈消极态度。虽然科学技术发展迅速，但是远程医疗和线上问诊等形式并没能在现在的日本得到推进。

医院数量多、病床医疗设备过剩的问题依旧存在，所以有提议希望大力推进医疗旅游观光，招徕海外患者诊断、治疗，以填补巨额医疗费的开支。可惜的是，现阶段依旧存在语言（日语）和外国人接收（日本医生不一定想接收外国患者）等方面的诸多问题，难以实现医疗旅游观光。

综上所述，日本的医疗费不断膨胀，而削减医疗费的具体措施却少之又少。问题日积月累，最终导致了什么样的结果呢？

日本医疗费即将突破 50 万亿日元

2023 年，日本国家预算的年度支出总额超 114 万亿日元，分类中占比最大的是超过三成的"社会保障"（参见图 1-9）。

社会保障给付费[⊖]中医疗费超 40 万亿日元，预计将于 2025 年突破 50 万亿日元大关，此后也将无止境地上涨。简单计算，每年每个劳动者平均有约 100 万日元的负担，数据真是惊人。

如先前解说的那样，我们应该明确"需就诊疾病"的含义，将不符合就诊要求却在医院就诊的病排除在保险报

⊖ 国家财政预算中的社会保障跟社会保障给付费不是一回事，财政中的社会保障项指的是财政预算补贴社保资金的钱。社会保障给付费指的是社保账户实际支出的金额，这部分金额中的一大部分来自国民与企业缴纳的费用。——译者注

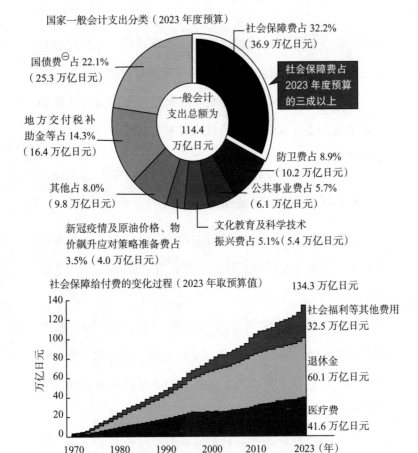

国家一般会计支出分类（2023 年度预算）

社会保障费占 32.2%
（36.9 万亿日元）

社会保障费占
2023 年度预算
的三成以上

国债费①占 22.1%
（25.3 万亿日元）

地方交付税补
助金等占 14.3%
（16.4 万亿日元）

一般会计
支出总额为
114.4
万亿日元

其他占 8.0%
（9.8 万亿日元）

新冠疫情及原油价格、物
价飙升应对策略准备费占
3.5%（4.0 万亿日元）

防卫费占 8.9%
（10.2 万亿日元）

公共事业费占 5.7%
（6.1 万亿日元）

文化教育及科学技术
振兴费占 5.1%（5.4 万亿日元）

社会保障给付费的变化过程（2023 年取预算值）　　134.3 万亿日元

社会福利等其他费用
32.5 万亿日元

退休金
60.1 万亿日元

医疗费
41.6 万亿日元

* 社会保障方面的支出大都源于参保人员和参保企业缴纳的保险费。
预计医疗费将在 2025 年超过 50 万亿日元。假设 2025 年有 5000 万劳
动人口，那么每人每年将在医疗方面有 100 万日元的负担。

图 1-9　"社会保障费"占国家预算的三成以上，金额庞大；少子老龄
　　　　化加速，日本医疗费显著增加

资料来源：2023 年 4 月财务省，《日本政府关系资料》。厚生劳动省，《关
　　于给付和负担》。

---

① 赎回政府债券和偿还利息的费用。——译者注

销范围之外，这样才能减轻劳动人口的负担。此外，对于可以服用非处方药的病，严禁医生开具处方。或许会有人担心，认为"如果越来越多的银发族因为制度改革而病情加重，那该如何是好？"但是如果不彻底改革，医疗费继续无止境地升高，这个问题就不能得到真正的解决。

新冠疫情中暴露的数字化落后问题

上述社会性问题产生的同时，日本受到了新冠疫情的"洗礼"。

感染人数的不断增多，限制了人们就医和使用医疗资源的机会。新冠病毒的感染性强，患者出门就医有传播病毒的风险，所以想尽可能在家中就诊。接收患者的医院也面临着重大难题，床位紧缺、医护人员人手不足的问题不断加剧，以至于后期不得不拒绝接收患者住院。

尽管如此，日本现阶段并没有合适的应对方法与这残酷的现实对抗。日本拥有世界上最多的床位和医院，新冠疫情期间用于住院护理、疾病治疗的器械却严重短缺。大家都认为，把多余的床位匀给新冠患者，问题不就迎刃而解了吗？然而，日本政府和地方政府没有决定权；日本医师会持反对意见，认为该调整会为未来埋下祸根；拥有管辖权的厚生劳动省和地方政府机关日夜不眠地商讨应对措施，最终只让人感觉在做无用功。

无用功中，最具代表性的是政府、保健所、医疗机构等的沟通方式。上述机构依旧以电话和传真的方式沟通，极大地凸显了日本医疗健康照护行业数字化转型进程的缓慢（参见图 1-10）。换言之，无论是初诊还是复诊，许多诊疗所都不具备线上诊疗的条件。

另外，日本在网络销售处方药方面有着十分严格的规定，所以难以推行。尽管现在管控有所放开，允许一部分处方药在网络销售，但是绝大多数药品依旧处在管控之中，然而其他国家已经开始向网络售药转型。

日本医疗信息的数字化进程也十分缓慢。其中，整合个人编号卡和健康保险证的一体化"个人保险证"便是很好的例子。

政府表示"若持有个人编号卡，则不需要健康保险证。政府将在 2024 年秋季后废除纸质健康保险证的发行"。我居住在千代田区，但是我几乎未曾在千代田区的医院和诊所里看到读取个人编号卡的机器，就算有，也不曾见患者实际使用。

新冠疫情期间就医和使用医疗资源的限制

医疗健康照护行业落后的数字化转型进程

多数诊所不具备线上问诊条件

• 初诊不具备线上问诊条件。
• 复诊也不具备线上问诊条件。

难以推进处方药网络销售

• 处方药网络销售的限制。
• 未实现线上医嘱功能。
• 未实现电子开处方功能。
• 抗原检测试剂网络销售的限制。

医疗信息数字化进程滞后

• 健康保险证、个人编号卡等个人信息数字化进程迟缓。
• 保健所使用传真传输信息。
• 各医疗机构的电子病历格式不同。
• 行政机构、医疗机构、保健所等机构难以统合所有医疗信息，各
  机构难以合作。

图 1-10 随着新冠感染者的增多，日本医疗和健康照护方面数字化转
型进程缓慢的问题越发突出

资料来源：BBT 大学综合研究所。

如果患者在手机上载入了个人编号卡的电子数据，则不需要专门的读卡机，然而手机"装"卡的进程也十分缓慢，我们仍旧不得不依靠证件（设备）。

如上所述，保健所和地方政府等部门靠发传真沟通。如果每个国民以数字形式和国家连接在一起，那么感染新冠后，患者可以立刻向医院、地方政府汇报。退一万步讲，现在已经有将传真内容数字化的软件，即便如此，依旧没人愿意使用这些数字化软件。另外，各家医院电子病例的格式千差万别，并不统一，所以政府难以在新冠疫情等情况发生时整合所有数据。

究竟由谁来负责推进日本现代化医疗（数字转型）进程，我们依旧不得而知。在这样的情况下，我并不认为今后日本医疗的数字化转型会有所进展。

线上问诊毫无进展的原因

线上问诊在新冠疫情期间备受瞩目。接下来，我们看看它的实际进展情况。

我们重新回顾一遍线上问诊的流程。首先，患者在家中与医院取得联系，医生以线上形式问诊。接着，医生向药房发送处方，不过可惜的是此环节依旧大都以传真方式完成。最后，药房联系患者，线上进行用药指导并邮寄药物。新冠疫情暴发初期，如果患者接受了某家医院线下的初诊，则可以选择同一家医院的线上复诊。近期各医院也开始提供线上初诊。

然而，对 100 名医生的问卷调查结果显示，回答"不考虑导入"线上问诊的占 67%，"必要情况下考虑导入"的占 16%，"考虑导入但没有实现"的占 10%。可见线上问诊进展不容乐观，很多执业医师现在甚至还在手写处方。

我曾翻看过自己一沓一沓的手写病历，发现大多数病例用日语书写，其中也不乏用英文书写的病例，看起来像是留美医生所写。老医生用德语手写病例，让人感到高雅、有格调，而现在的医生写字像蚯蚓爬行，难以辨认，但是对阅读病例千百遍的妻子和护士来说，看懂这些并不是难事。虽然以上病例都来自经验丰富的私人诊所，但可惜的是，这样的病例很难实现数字化。所以，确实很难统一所有医院的电子病例格式。除大医院的医生外，几乎没有医生提供线上问诊的服务。

请看图 1-11 的下半部分。"初诊、复诊均可线上"仅占 6.4%，"提供线上问诊服务"的也只有 15%。正如之前所说的那样，大家对开展线上问诊并不积极。如果没有相应的

线上问诊的流程

问题：您是否考虑过导入线上问诊？

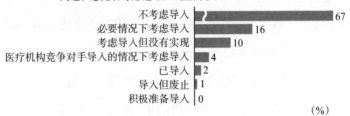

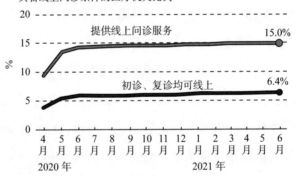

图 1-11　日本线上问诊普及率仅为 15%，新冠肆虐时也没能得到普及

注：上半张图为以全日本 100 位执业医师为对象进行的线上问诊问卷调查
（2021 年 12 月）。将医疗设施动态调查（各月底概况数）中的医院及
一般诊所的总数作为下半张图所有比例的分母。

资料来源：online doctor.com,《有关线上问诊的调查》。厚生劳动省,《令
和 3 年（2021 年）4 月～ 6 月电话问诊和线上问诊实际情况的验证结果》。

激励措施，比如提供线上问诊费用提价一成或两成，大家
并不会主动向线上问诊转型。可以在线上问诊推进到一定
程度后取消激励措施，但是我认为，至少在刚开始导入的
几年或者十几年内，必须推出类似的激励措施，推动线上
问诊发展。

以上就是对健康照护市场现状的介绍。健康照护市场
潜力巨大，但是国家浪费了巨额税金却没能促进市场的发
展。我们必须尽快脱离这种胶着的状态。

＊　＊　＊

女性杂志榜排第一的 *Harumeku* 获得巨大人气的秘诀

接下来，我将向大家举例介绍开拓新市场的思路。

当今出版行业长期低迷，月刊杂志 *Harumeku* 销量依旧
不减。*Harumeku* 原名 *Ikiiki*，以中老年女性为读者对象，改
名后更新改版，并起用了在经营女性杂志方面经验丰富的
山冈朝子作为总编辑。该杂志的出版商 Harumeku 公司的经
理宫泽孝夫是我经营者学习会"向研会"的会员。

Harumeku 的经营模式与普通出版社的经营模式截然不
同。我在很多杂志上发表过自己的文章，经常跟出版社打

交道，但是基本上所有出版社都采取同样的经营模式，即自己编辑内容，提高销量争取广告代言。

但 *Harumeku* 杂志里没有广告，主要刊登面向中年女性读者的"保姆级教学"文章，如"手机使用技巧""网络基本用法"等。杂志从帮助读者学习的角度出发确定刊登内容，编辑人员不负责敲定主题。

另外，该杂志有一个约 3000 人的读者社群"Haru 朋友"。公司每年对社群中的读者进行 200 多次问卷调查和采访，了解读者的需求，并将其应用于新的策划当中。

有趣的是，公司开发新产品时使用的不是身材为黄金比例的服装展示模特，而是公司制作的人偶（人体模型）。345 位读者自愿提交了自己的身体数据，公司根据读者数据制成更贴近现实的人偶，在此基础上设计适合她们身材的服装。

现在，杂志"斗不过"电视和网络，很难接到广告。但是，*Harumeku* 通过这极具特色的经营模式，在过去五年间将读者订阅数提升了三倍多，女性杂志部门达成 49.4 万本的销量（2022 年下半年），独占鳌头。对于想要开拓银发经济业务的公司来说，Harumeku 公司的经营模式十分值得参考。

越发兴起的就业援助服务

讲解银发市场时，我首先提出了"就业援助"服务，因为日本银发族有很高的就业需求。如图 1-12 所示，60岁以上群体在采访中表示"想继续带薪工作"的人超过了40%。

相比之下，如果让法国等国 65 岁以上的人工作，只会引起全国性罢工，因为住那里几乎没有人想在退休后继续工作。大家以为只用干到 65 岁，马克龙总统却希望延迟退休年龄，由此引发了抗议游行。与这些国家相比，日本老年人就业率稳步上升，实属异类。图中最近的调查显示，60 ～ 64 岁人口的 71%、65 岁～ 69 岁人口的近一半实际选择了再就业。

Career 公司以银发族为对象，开展银发族人才派遣业务，即就业援助服务。人才派遣公司巨头保圣那集团设立了"银发族管理中心"，开展工作介绍业务和派遣业务。GBER 公司开展银发族人才匹配业务，为老年求职者和各地区单位搭建连接平台。银发族在公司工作了二三十年，有各自擅长的领域，该平台将各领域人才与有需求的企业连接起来，惠及双方。另外，Inow 公司也为老年人和企业提供匹配服务。

未来劳动意愿（2020 年）

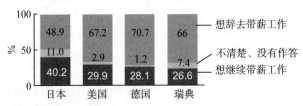

各年龄层就业率的变化过程

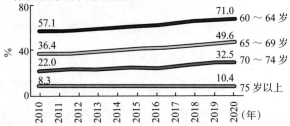

注：2020 年 12 月～ 2021 年 1 月对各国 60 岁以上的 1000 名居民进行的调查。

面向银发族的就业援助服务

银发族人才派遣	Career 公司 ·从事老年人就业援助业务 保圣那集团 ·1980 年成立中老年专用派遣公司和银发族管理中心 ·通过保圣那顾问网络、保圣那公司外董事介绍服务、保圣那 masters 等，为老年人介绍工作，开展老年人派遣业务
银发族人才匹配平台	GBER 公司 ·搭建连接老年求职者和各地区单位的平台 Inow 公司 ·"匹配适合老年人的企业"面向老年求职者的求职型匹配服务

图 1-12　随着银发族就业需求的增加，就业援助服务利用率逐渐升高

资料来源：内阁府，《令和 3 年（2021 年）版　老龄社会白皮书》。根据各公司官网制作。

日本银发族缺乏"异性朋友"

促进人与人交流的交流援助服务也越发受到青睐。

实际上，日本银发族在人际关系和交友方面存在很多问题。内阁府就日本老年人交友情况（即除家人外是否有亲近的朋友，朋友是同性还是异性）进行了调查，发现调查结果与欧美国家的调查结果存在较大差距（参见图 1-13）。

首先，日本银发族"有同性朋友"的占 43.3%，"有异性朋友"的只占 1.5%。"同时有同性、异性朋友"的只占 12.6%，"两者都无"的高达 31.3%。欧美国家银发族"同时有同性、异性朋友"的占了快一半。也许日本人严格遵守孔子"七年男女不同席"的教诲，所以到 65 岁仍不交异性朋友，但这对欧美人来说十分奇怪。

不过，现在出现了很多面向老年群体的社交媒体。比如"轻松社区"。它之前由 FCNT 公司运营，该公司还曾推出便于使用的"轻松手机"。现在 FCNT 公司已经办理了民事再生手续[⊖]，不过该社交媒体得到了保留。目前"轻松社区"有 200 多万会员，话题以兴趣爱好为主，是银发族交换信息的社交场所。

　㊀ 属于破产中的重建手续，与清算型破产不同，是指债务公司为避免破产，在债权人的同意下继续经营业务，并按照恢复计划偿还债务。——译者注

银发族人际交往状况国别对比（%）

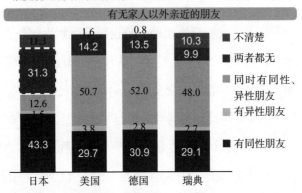

银发族社交媒体代表案例

"轻松社区" 200 多万用户

- 主要以银发族感兴趣的新闻和文章构成，用户方便收集信息。
- 用户一旦发布了包含个人信息等存在风险的内容，平台会自动屏蔽相关内容，防止信息泄露。

"业余爱好者俱乐部"（Ostance 公司）约 35 万用户

- 寻找兴趣"搭子"的成年人社交媒体。
- 交流卡拉 OK、旅游、美食、体育运动等兴趣爱好的社交媒体。
- "业余爱好者俱乐部"本是 DeNa 公司面向银发族的社交媒体，2019 年被 Ostance 公司收购，现由 Ostance 公司运营。

"Slownet"（Imagenavi 公司）约 8 万用户

- 鼓励用户在健康、金钱、学习、实际体验等方面积极探索，帮助用户"享受"第二人生。
- 为缺乏兴趣爱好但想结交同年龄层朋友的银发族服务，丰富他们的人际关系，并帮助他们寻找兴趣爱好。
- 用户年龄集中在 60～70 岁。

图 1-13　解决银发族社交需求的社交媒体、社群服务越发受到青睐

资料来源：内阁府，《令和 3 年（2021 年）版 老龄社会白皮书》。根据各公司官网制作。

再比如，"业余爱好者俱乐部"本是 DeNa 公司经营的社区，后来被 Ostance 公司收购，是以兴趣爱好交友的成年人社交网络，话题包括卡拉 OK、旅游、美食、体育运动等成年人共同的兴趣爱好。

还有" Slownet"，它是 Imagenavi 公司旗下的社交媒体，面向 60 ～ 70 岁缺乏兴趣爱好但渴望交流的银发族，鼓励他们在健康、金钱、学习、实际体验等方面积极探索，帮助他们构建人际关系。

不过，这些都是小众社交媒体，规模不大。

拥有与孙辈同住的体验感的服务

日本银发族还有一个特点，即"生病时身边没有可以互相帮助的朋友"，这听起来十分可怜。内阁府发布的《老龄社会白皮书》显示，只有 5% 的老年人能在生病时得到帮助。另外，"有可以商量事情的伙伴，自己也能给伙伴提供建议"一问中，日本银发族回答没有的人数占 20%，与欧美相比少了一大截。

如上所述，银发族容易与社会脱节，所以在缓解银发族社会孤立感方面也能找到新的业务点。

比如"孙辈频道"(Chikaku 公司) 是一项电视盒子服务，

只要儿女用手机连接上父母家的电视，父母便能在电视上观看孙辈的照片和视频。虽然叫"孙辈频道"，但是它不仅能让银发族看到儿辈、孙辈的生活，也能让出门在外的孩子了解家中老父老母的身体状况。

此外还有"更加 mate"（三春通信有限公司）。公司员工上门服务，在老年人住处教授手机、电脑的使用方法，还时不时陪老年人聊天或帮他们外出购物。

美国的"Papa"服务与它十分类似，如果日本公司能吸收它的精华，开展新业务，那么也能在日本做大做强。"Papa"服务中，孙辈年轻人陪银发族聊天，并教会他们如何使用电脑，如有特殊需求，还能提供开车接送的服务。对年轻人和学生来说，"Papa"工作能获得比便利店和餐饮店更高的时薪；对银发族来说，"Papa"服务使他们获得了与孙辈同住的体验感。如果服务形式更加接近过去的"寄宿"，那么还能进一步扩展服务内容。虽然现在寄宿已经不常见了，但是我们依旧可以从中获得开展新业务的灵感。

"购物援助服务"蕴含的可能性

对一部分 65 岁以上的人来说，若超市、便利店等店铺在离家 500 米以外的地方，没有车之类的交通工具，走路往返十分困难，购物很不方便。这就是所谓的购物难民。据统计，三大都市圈和区域圈的购物难民将在 2025 年达到 800 万人左右（农林水产省政策研究所调查），也就是说，银发族平均每 4.4 个人中就有 1 个人是购物难民。

现在，为购物难民提供的购物援助服务备受关注。比如，德岛县与 "Oisix La 大地" 公司合作，在每周固定的一天派出满载商品的轻型汽车，提供 "德岛丸" 服务。使用该服务后，用户可以在家门口买到想要的物品。为减少浪费，汽车还会将卖剩的商品运回超市继续销售。

再比如明治乳业公司提供的配送到家服务，这项服务也有很好的发展前景。该公司在全日本拥有 3000 家分店，从分店向各个家庭邮寄牛奶，实现 "明治配送到家"。他们还和在外就餐行业的和民公司合作，配送附带乳制品的和民便当，既为银发族提供了营养方面的支持，还能确认银发族的安全。所以配送时配送员不仅需要携带商品，还需要带上银发族的紧急联络名单，以便发现异常及时采取行动。我认为，如果能在现有服务流程上更进一步，也许能获得更大的商机。

以生活可自理的"活力银发族"为目标客户的服务越发充实

最近出现了面向实现财富自由且生活可自理的银发族的老年人公寓，且种类繁多。价格稍低的有常见的老人之家，入住时最多只需花费几十万日元，之后每月的费用为 10 万～15 万日元，含伙食费（公寓提供）、安全保障费和生活照顾费。此外，还有含服务的老年人公寓（服务型老年人公寓）。因为公寓设施和服务内容与老人之家不同，所以每月的费用更高一些。此外还有公寓式付费养老院、面向银发族的分售公寓等多种选项，入住费从几百万日元到几亿日元不等。

还有"活力银发族生活城区"，自其设立之日起，我便持续为它提供支持。它位于千叶市稻毛区，约有七万平方米，由七栋分售公寓组成，共有 850 人居住，名为"稻毛智能社区"。住户平均年龄为 76 岁，35% 是夫妇，其他是单身人士。社区内有独立于公寓的社区中心和 50 多项娱乐设施，社区中心内有许多房间，供住户打麻将、唱卡拉 OK 等。社区提供日料、西餐、中餐等，住户可以选择自己喜欢的食物和伙伴一起围桌享用。

社区里还有不同的兴趣社团。许多住户兴趣爱好广泛，他们在社团中担任讲师，教授相关内容。社区靠海，因此钓鱼同好会有着很高的人气，会员经常将钓到的鱼做成美食，供大家品尝。

"20% 是阿尔茨海默病患者的人口" 时代的严重问题

阿尔茨海默病是医疗、药品行业的重大课题。统计显示，2025 年，日本国内阿尔茨海默病患者数将达到 730 万人，也就是说五分之一的老年人都将患此病，预计 2050 年患病人数将超过 1000 万人（参见图 1-14）。

为应对老年人认知功能下降问题，许多公司推出了各式各样的服务。比如，第一生命公司导入了阿尔茨海默病检测 app，检测用户看手机屏幕时视线的移动轨迹，以此测算用户认知功能的下降情况。还有一项服务是让接线员给用户打电话，通过用户回答问题的情况判断用户是否患病。

"20% 是阿尔茨海默病患者的人口" 时代存在着一个十分严重的问题，那就是阿尔茨海默病患者拥有的金融资产很快将达到家庭金融总资产的 10%，将近 200 万亿日元。如果就这样放任不管，老年人发病后这些资产将不再产生合法的现金流，所以银发族必须在阿尔茨海默病发作、恶化前安排好自己资产的归属，早日放入信托基金或将其委托给其他家庭成员管理。

日本阿尔茨海默病患者数及阿尔茨海默病的预防和发现服务

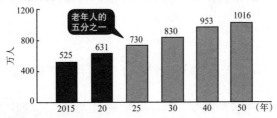

主要服务内容	第一生命公司	向用户提供阿尔茨海默病检测 app，通过检测用户看手机屏幕时视线的移动轨迹检测用户的认知功能
	明治安田生命公司	根据用户提交的体检报告测算用户认知功能下降的风险
	日本生命公司	向用户提供阿尔茨海默病检测 app，根据用户回答问题时声音的频率检测用户的认知功能
	住友生命公司	通过用户与电话接线员的对话情况判断用户认知功能的状况。

阿尔茨海默病患者持有的金融资产总额

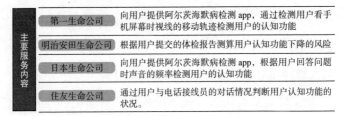

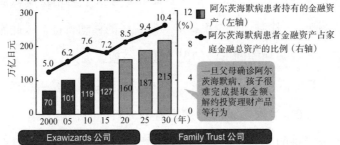

Exawizards 公司	Family Trust 公司
与福冈银行共同开发了保障客户金融活动的服务，分析客户账户的流水信息，监测异常交易行为	"家族信托基金"是老年人在阿尔茨海默病发病前将资产委托给家庭成员代为管理的基金。该公司开发了线上系统，提升了"家族信托基金"运营的效率

图 1-14　阿尔茨海默病患者将超过 700 万人，早期发现和预防阿尔茨海默病的服务以及准备照护费用和财产管理的关联服务纷纷登场

资料来源：厚生劳动省，《应对阿尔茨海默病政策推进综合战略（新橙色计划）》，三菱日联金融集团 MUFG。根据日本银行《资金循环统计》、第一生命研究所、日本经济新闻等内容制作。

为此，福冈银行和 Exawizards 公司准备提供一项名为"Exawizards"的服务。提供服务时，银行会分析客户账户的流水等信息，若监测到异常交易行为，则马上通知客户。另外，Family Trust 公司开发了"家族信托基金"的线上系统，它能更好地帮助客户在阿尔茨海默病发病前将资产委托给家庭成员。

实际上，阿尔茨海默病患者这个市场巨大，开展相关业务的公司却十分少。现在提供阿尔茨海默病早期发现的服务居多，但少有人愿意检测自己是否患病。然而等到真正发病后再想处理后事，就为时已晚。

在种种因素的相互作用下，阿尔茨海默病患者拥有 10% 的金融总资产的未来正在一步步变为现实。

照护保险外的服务也在逐步扩增中

我们移步"照护"领域。照护保险外的服务越发多元，陪伴外出、准备餐食、陪聊、上门美容理发等服务就是其代表。

NICHII 学馆、和民、DASUKIN、御用闻公司等都在提供此类服务。DASUKIN 曾经向 2000 万户家庭和单位售卖 DASUKIN 抹布，然而上门推销越发困难，比起兜售商品，为有困难的银发族提供所需服务更有市场。近期照护业务的重要性越发突出，所以 DASUKIN 逐渐转移了业务重心。该公司的"DASUKIN 生活照护"服务在聊天、饮食、清洗、日常生活照护等方面提供服务，基本费用为 2 小时 7700 日元起步，不算便宜。此外，御用闻公司推出了"100 日元家政"服务，5 分钟 100 日元起步，提供换电灯泡、取快递和简单的打扫等服务。

为缓解照护行业人手不足的问题，相关技术也在奋力研发的过程中。

日本今后将面临严重的照护员人手不足问题。厚生劳动省表示，随着老龄化进程的加剧，2040 年度将需要 280 万名照护员，预计大约缺乏 70 万人，占总照护员人数的四分之一。从前，日本有意引进印度尼西亚、菲律宾、越南等国的照护员和护士，然而在复杂的日语考试和其他因素的阻挡下，接收外国照护员的进展并不顺利。照护员工资本就低，所以所有医疗机构都存在照护员人手不足的问题。

过去，照护员一个人需要负责三张病床，现在一个人需要负责四张病床，因此有人建议导入机器人照护。为改善照护员人手不足的现状，"照护科技"的开发也在如火如荼地进行，研发结果有防摔护理病床和跌倒检测 AI 系统等。我反对照护行业过分依靠科学技术和机器人。我认为，就算是读不懂复杂汉字的外国人，只要接受了实操训练并得到认可，那么他也可以成为照护员，为老年人提供照护服务。这才是日本照护行业今后发展的方向。

临终经济陪伴你到人生尽头

临终经济市场潜力巨大，若包括生前的开销，预计市场规模将达到 70 万亿日元以上（参见图 1-15）。

临终经济包括衰老相关服务、医院看病、住院、去世、葬礼、火葬、墓地、供奉等用户场景，每个场景都有很大的市场。实际上，寺庙方面的开销并不多，只有 1 万亿日元左右。

估算显示，生前市场有约 68.5 万亿日元的巨大规模，然而接连登场的公司大都只负责临终经济的死后市场业务。

比如，镰仓新书公司本来是面向佛坛、法器行业的书籍出版公司，现在的业务还包括运营葬礼综合信息网站"好葬礼"网，市值超 200 亿日元。此外，它还制作了"好墓""好佛坛"等门户网站，在临终经济方面广泛开展业务。

伊丹十三导演的电影《葬礼》提及了布施行情的话题。如果亲人去世后急急忙忙请僧人做法事则需要花大价钱，

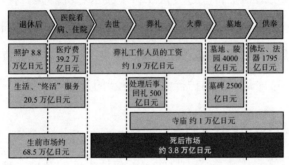

临终市场的全过程

临终行业知名企业

镰仓新书	· 原来面向佛坛、法器行业开展书籍出版业务，现在积极扩展业务，在提供全国殡葬公司信息检索服务的同时，还运营着葬礼综合信息网站"好葬礼"，为客户提供殡葬礼仪等信息。 · 主要通过运营"好墓""好佛坛"等门户网站开展网络业务。 · 2015 年在东证 Mothers 市场上市。
Yorisou	· 通过互联网提供葬礼、供奉服务。 · 提供葬礼、法事活动、供奉等一站式的"Yorisou"临终服务。 · 通过互联网安排僧侣供奉逝者的"Yorisou 僧侣派遣"服务。
LDT（原名 Life Ending Technologies）	· 从事葬礼举办地的开发和运营工作，同时运营葬礼有关的匹配平台，提供葬礼相关内容的咨询服务。 · 运营企业自媒体"友好葬礼"。 · 提供葬礼客户管理系统"智能葬礼"和"智能葬礼 CRM"。
BuySell Technologies	· 在全日本范围内开展和服以及贵金属的循环利用业务。 · 特点是提供代为购买服务。 · 选择该公司服务的老年群体大都以遗物整理、生前整理、自家房屋整理等为目的。

图 1-15 临终经济的生前市场和死后市场共计超过 70 万亿日元，不同工种积极加入临终经济的行列

资料来源：BBT 大学综合研究所制作，各企业官网。

所以事先取得估价单更划算。如果还想压低价格，则可以
使用永旺生活公司的"永旺葬礼"服务，从简办理：若是
家族墓形式，不到 50 万日元；如果省略守夜、遗体告别仪
式等环节，不到 20 万日元即可办成。由此可见，大型超市
永旺集团旗下公司也在涉足临终经济。

再来看"Yorisou"服务（Yorisou 公司）。"Yorisou 葬
礼"提供葬礼和供奉服务，主打无须观看火葬仪式的 10 万
日元廉价葬礼，号称"行业最低价"，支持网络预约。除此
之外，该公司还提供从葬礼到继承手续的一站式服务。

此外，"网络葬礼先锋"UNIQUEST 公司推出"小小葬礼"
服务，以公正透明的价格向客户提供廉价的葬礼、法事服务。
该服务以品质和实际成绩为卖点，葬礼订单数位居榜首。

还有推出"友好葬礼"的 LDT 公司（原名 Life Ending
Technologies）。该公司名看起来跟银发族并不搭边，但是它
实际上从事葬礼举办地的开发和运营，以及葬礼匹配平台
的运营工作，同时还提供客户管理系统"智能葬礼 CRM"。

"BuySell Technologies"公司的业务十分有趣。员工上
门整理老年人的物品，收购可重复利用的旧物，也可以将
这种业务理解为二手市场网络平台 Merukari 的老年版。银
发族家中有很多"宝贝"，用"宝贝"换取更多的钱，既能

让"宝贝"不被埋没，又能让银发族和家人多一份欣喜。

我认为，此类从事临终经济的公司还有扩大业务范围的空间。

单凭"老年价"难以激起银发族的消费欲望

看完以上例子的介绍，我们发现银发经济是潜力巨大的朝阳产业，但是善于处理老年客户需求的公司却少之又少。

我认为其原因在于公司没能很好地把握银发族的实际情况，对银发经济的理解不到位。

我在这里举两个很重要的点。

第一，不要只考虑赚钱，而应该贴近银发族的生活，设身处地地思考怎么做才能满足他们的需求。

第二，不要误以为照护阶段后才属于银发经济的范畴，其实银发经济从前一个阶段——前老年人期就已经开始了。

若认为银发经济从照护时期开始，那么公司便会宣传银发族专属服务，收取"老年价"。但是很多人不确定自己是否符合条件，许多人退休后继续工作，每天忙忙碌碌，就算有价格折扣，也难以激起他们的消费欲望。年轻人积蓄少，反倒对类似的大减价和专属服务更加"敏感"。

单靠国民退休金度日的银发族手头紧，与此相反，领取厚生退休金⊖的银发族手头比较宽裕，然而就算如此，他们还是会对退休后的生活感到不满和寂寞，并出于种种原因依旧谨慎用钱。我们必须帮助银发族克服心理障碍，并得到银发族的信任。

* * *

"前银发"市场的"空白空间"

我曾在拙作《后五十岁的选择》中提到"前银发"阶段这一概念。公司应该把50～59岁群体视为银发经济的目标对象，思考如何将他们转变为顾客。我们必须提前做准备，这样才能享受自己的下半生。许多人来我这里咨询，问"退休后想玩音乐，应从何开始?"一把年纪再想开始，感觉难免有点晚。还有人表示"想像大前先生一样骑摩托车环游全国"，我劝您还是别尝试了。60岁后再考取摩托车驾照，骑摩托车旅行，有点儿太危险了。如果有这种愿望的话，请尽可能在50岁前完成。现在，"前银发"市场中仍有很多空白空间，我认为，只要公司能很好地将这一代人变为顾客，我们的经济就能更上一层楼（参见图1-16）。

⊖ 国民退休金相当于我国的居民社保，厚生退休金相当于我国的职工社保。——译者注

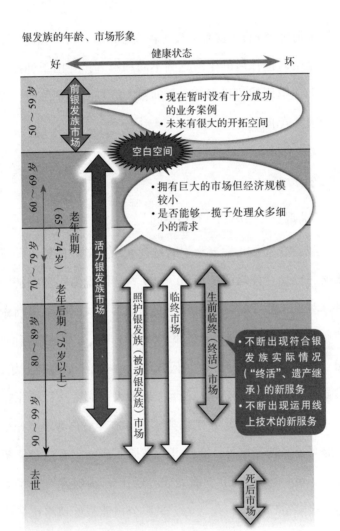

图 1-16 银发经济始于照护场景→从葬礼开始倒推，还有很多银发经济的"空白空间"等待被发掘

另外，60岁以上还能够继续工作且生活可以自理的"活力银发族"群体中也蕴含着巨大的市场。我感觉，现在市场上还没有出现满足他们需求的商业模式。

临终市场以及接受照护援助的照护银发族（俗称"被动银发族"）方面涌现出越来越多的新服务。因此我们的下一个关注点就是，如何在银发族尚不需要照顾的阶段，开拓面向"前银发族"和"活力银发族"的业务。

面向"前银发族"和"活力银发族"业务的尝试

面对"前银发族"时，我们需要启发他们思考"应该如何为自己的下半生准备"。

我在《后五十岁的选择》中写到，如果一个人工作到50岁依旧没有能晋升为公司经理的迹象，那么他最多还能在公司工作10～15年。然而，我们有长达20多年的退休生活，所以为了让退休生活更加充实，我们应该为退休后的"第二人生"做好规划。

在此，我建议大家制作一张"人生资产负债表（B/S）"，图1-17总结出了几个制表的要点。表的左侧是储蓄和存款、累积型保险、股票和信托基金投资以及自家房产估值，右侧是房贷、车贷和其他负债。

面对前银发族

前银发族"应该如何为自己的下半生准备"	
问题	对策
最多还能在公司工作 10～15 年。如果活到 85 岁，那么还有 20 年的退休生活	50 岁后，应该为过好退休后的"第二人生"做好规划

例：人生资产负债表

- 为缓解退休后的不安，我们应该首先制作自己的"人生资产负债表"
- 表的左侧写储蓄和存款、累积型保险、股票和信托基金投资以及自家房产估值等
- 表的右侧写房贷剩余部分和其他负债
- 也许退休后拥有了一定的金融资产，还清了房贷，还能领取退休金
- 退休后，我们的实际生活比想象中的富裕
- 帮助银发族看清以上事实，有助于催生商机

面对活力银发族

寂寞就是活力银发族最大的敌人	
问题	对策
对于时间过于充沛的银发族来说，"寂寞"是最大的敌人	推出定制的好友旅行，若顾客满意度高，则容易增加回头客

例：海外旅行团

- 比方说，参加一个 25 人的克罗地亚旅行团
- 旅行中至少能与 2～3 对夫妇或女性团友成为好朋友
- 互相交换社交媒体账号，取得线上联系，可能在聊天时谈及下一次旅游，列举出三个旅游目的地，大家不断讨论，最后决定自己的旅游行程

图 1-17　启发前银发族思考"应该如何为自己的下半生准备"，填满活力银发族内心的"空虚"

资料来源：大前研一，《后五十岁的选择》，集英社。"大前研一方法论"何为银发经济成功的真谛？

从这个资产负债表的视角出发，就会发现，多数人拥有"比想象中富裕的退休生活"。如果大家在 50 ～ 59 岁时发现自己手头有余，退休后还能领取退休金，债务也偿还完毕，那么就能意识到退休后有很多"可自由支配资金"。当今的日本经济需要银发族活用自己的剩余资产，让沉睡的资产"活"起来。

面对"活力银发族"时，我们应该以"寂寞是最大的敌人"为切入点。如前所述，日本银发族缺乏同性、异性朋友，所以可以建议他们与关系密切的朋友一起来一次量身定制的旅行。说到旅行，我们又可以联想到旅行团、同学会、社交媒体等，以此为契机，就能帮助"活力银发族"找到自己的社交圈子和所属集体，在圈子里推广自己使用的服务。这么一来，公司节省了大型广告宣传的费用，能用省下的钱打造更好的服务。

过于"凄凉"的人生资产负债表

如果日本的银发族元气满满，日本的经济就能立刻恢复活力。如图 1-18 所示，我们可以从以下三点入手帮助银发族找回活力：

1.消除银发族退休后不安的心理。

银发族让日本经济焕然一新

> **如果银发族元气满满，日本经济就能恢复活力!**
> - 如果能够最大限度地发掘银发市场的潜力，那么单凭银发经济就能使日本经济恢复活力。银发经济是日本脱胎换骨的动力
> - 如果银发族持有的 2000 万亿日元个人金融资产能够流入市场，那将带来巨大的经济效益

如何实现

> **考虑方法 / 大方向**
> 1 消除银发族退休后不安的心理
> 2 让银发族活用个人资产实现"钱生钱"
> 3 教会银发族享受人生

- 关键在于消除活力银发族的心理屏障，让他们放心消费。
- 将对象范围缩小为银发族，研究他们的购买行为和决策过程，开发新市场
- 以"活力银发族满意度"为切入点，发散性思考经济增长点

银发族驱动型增长战略 = 银发经济
一家之主不同年龄段的储蓄和负债现值（2021 年）

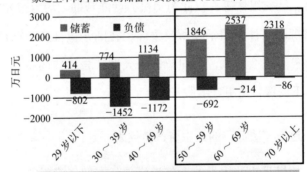

让银发族持有的个人金融资产回流市场
银发族驱动型增长战略

图 1-18　如果银发族元气满满，日本经济就能恢复活力 = 银发经济
（银发族驱动型增长战略）

资料来源：大前研一，《吹散"退休后的不安和萧条"！》，PHP 经济新书。
总务省，《家计调查报告（储蓄、负债篇）》，BBT 大学综合研究所制作。

2. 让银发族活用个人资产实现"钱生钱"。

3. 教会银发族享受人生。

第2点中的钱生钱包括结合"逆按揭"和"资产支持证券"（ABS）两种模式的金融产品，我曾在书和杂志文章连载中多次提到。最近日本也出现了许多类似的产品，下面我会详细说明。若操作得当，我们也能拥有"鼓鼓的钱包"。

第3点略显凄凉。日本人不敢轻易尝试未曾接触的事物，我们这一代人从小被教育要辛勤劳动、努力节省，把多余的钱存起来。没有人教我们怎么花钱，所以我们不懂得花钱享受快乐——这就是日本银发族的特征。所以，我要重申上面的观点，即我们有必要消除活力银发族的心理屏障，让他们放心消费。

图1-18下半部分的结果也很令人痛心。坐标轴的上半部分是资产（储蓄），下半部分是负债。我们可不能就这样带着大额资金离世。表示资产负债表结构的坐标有上下两部分，这两部分可以是相同的大小。很多日本人为自己没有下半部分（负债）而高兴，然而我想强调的是，还清所有债务后可以用多余的资金搭建一处房产，用以出租。尽管如此，大家还是紧紧守着自己的资产不愿放手。放眼世界，只有日本人去世后的资产负债表呈现高储蓄低负债的特征。

＊ ＊ ＊

生钱方法及大前式"税收制度修订案"

之前提到的退休后"生钱"的方法有哪些呢？请看图 1-19 上半部分的内容。思路是，先让银发族估算自己离世前需要花费的金额。比如，看看保险和补助金是否够支撑生病等突发情况的开销，计算搬进养老院或服务型老年人公寓需要的开支，并准备好资金。很多人不动手计算未来的开销，只是毫无根据地担心未来，一味地用减少消费增加储蓄。

了解了自己"终活"的开销，就可以将剩余的钱用于消费，这就需要掌握手中储蓄和存款、人寿保险、股票和债券、房地产等资产的情况，并加以利用。

在此举一下前面提到的逆按揭的例子。图 1-19 展示了逆按揭的运作流程。简单说就是抵押自家房产进行贷款，在世时偿还每月利息，去世后变卖房产偿还之前的本金（有多种还款方式）。逆按揭的缺点是活得越久，还款总额越高；优点是既可以一直住在自己家中，只需要还一定数额的月供，还不给生活造成负担。

银发族放心消费、享受剩余人生的消费预测图

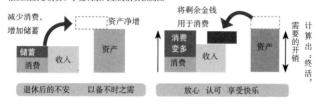

除了资产里"离世前所需金额"，
老年人可以放心使用其他剩余资金

逆按揭的运作流程

抵押自家房产进行贷款，在世时偿还每月利息，去世后变卖房产偿还之前的本金
（有多种还款方式）。

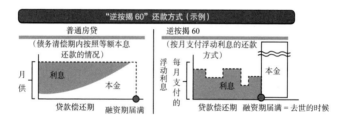

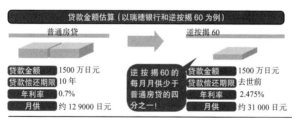

优点：•可供老年人贷款•月供仅为每月利息•如果选择逆按揭60的"无追索权类型"贷款，则不会给继承人带来还债负担（仅限于房屋相关费用）

缺点：•月供中本金不会减少，所以活得越久还款总额越高
•如果抵押的房产估值下降，可能给继承人带来还债负担

图1-19 资产自动"生钱"的方法——逆按揭

注：浮动利率每月变化，所以每月月供金额不同。
资料来源：住房金融支援机构、瑞穗银行各自的官网。

普通逆按揭允许银发族自由支配贷款，用来支付生活费用或医疗费用。如果选择普通逆按揭，则难以选择房主继承人无须偿还欠债的"无追索权类型"贷款，这是它的缺点之一。在此基础上，住房反向抵押贷款"逆按揭60"登场。它提供"无追索权类型"贷款的选项，但该无追索权仅限于自家房产的重建和装修等相关费用。它与"售后回租"操作流程相同，即先变卖房产获得贷款，并签订租赁合同，继续住在自家房屋中，以交房租的形式还款。

接着再解释一下资产支持证券。它的运作流程是：户主将名下老宅拆了重建新房，再以新房未来租金收入的现金流为担保贷款，不是通过个人信用贷款，而是通过新房的信用贷款。如果灵活运用这一方法，则不需要负债便可筹集资金。目前，美国和德国的资产支持证券市场规模较大，日本仅有少数银行提供该类证券。

为使日本银发族放心地使用1200万亿日元的金融资产，在此，我想向大家提出我的大前式"税收制度修订案"，具体内容如图1-20所示。

"税收制度修订案"的目的在于让银发族放下心理负担，启发银发族在人生的最后时期将手中的金钱花得一干二净。如果最后留下了3000万日元这个不高不低的金额，很可能在遗产继承方面出现纠纷。

大前式"税收制度修订案"

1	拨钱用于改善保险的购买等，为退休后的生活做准备
2	拨钱用于培养家政人员及照护师等
3	不论资产持有年限的长短，将房地产资本利得税一律设为20%
4	取消银行的存款利息税
5	取消投资收益税
6	收入不包括针对家乡和特定地方政府的捐款（如果存在资金短缺的情况，则数年实施一次）
7	向国家、地方政府、非营利组织、非政府组织等捐款，则将免去捐款额十倍数额的遗产税
8	建立国家贡献者保障制度 •50岁前纳税总额超过1亿日元，免除今后所有的个人所得税 •60岁前纳税总额超过2亿日元，免除今后所有的个人所得税 •70岁前纳税总额超过3亿日元，免除今后所有的个人所得税

图1-20 我们需要思考如何消除银发族"退休后的不安"，让他们不
再浪费手中的资产

资料来源：大前研一。

思考面向银发族的新业务 1

接下来我将向你解说大前式银发经济新思路。

第一点是对无人别墅进行大规模的整改和运营，具体
针对热海、那须、轻井泽、蓼科、伊豆高原等地搁置的别
墅，让别墅"活起来"。我曾多次提倡整改，却难以大范围

推行。40 年前的 20 世纪 80 年代，日本掀起了买别墅热潮，推算下来现在大多数别墅都为银发族所有。因此，如果像外国别墅那样委托管理公司管理、维护，就能催生新的商业模式。

还有一种为协调、组织老年兴趣活动的商业模式，比如以社团的形式长期邀请银发族参加钓鱼、远足、乘邮轮等活动。日本银发族大多喜欢遛狗、养兰花、散步，兴趣活动规模小；外国银发族的活动规模则更大。就拿钓鱼举例，外国银发族通常计划着去澳大利亚大堡礁钓剑鱼，去阿拉斯加钓三文鱼，以此进行长达几年的规划，并按照规划休长假。这样的兴趣活动更能带来大规模的经济效益。

第二点是共同运用资产。如果进行单人投资，则难以把握企业研究情况和投资的最新信息，所以由众多投资者组成团体向专家咨询，能更有效地实现"钱生钱"。不仅如此，团体成员约定，成员去世后其资产由团体继承，最终在所有人去世时用尽全部资产，以此为目标进行团体的运营。

性价比较高的还有逆按揭型人寿保险。刚刚我提到的是以房产为担保的金融产品，现在提到的这款产品并不要求银发族把房产抵押给金融机构，而是让银发族把金融机构作为遗产继承人写入遗嘱，抵押人寿保险换取现金。投

资逆按揭型人寿保险后，就不必紧巴巴地存钱度日，可以
放心购买想要的物品。这样一定能激发消费活力，进而大
幅提升 GDP。

思考面向银发族的新业务 2

第三点是面向独居银发族和"一人户"家庭的匹配服
务。我从很早开始就一直提倡建造银发族与年轻人共住的
合租公寓。如先前所述的美国服务"Papa"那样，匹配银
发族和"孙辈"年轻人，或匹配孩子经济独立的银发族和
为工作、育儿忙得焦头烂额的夫妇。银发族没有经济压力，
但是担心自己独居期间发生意外。年轻人希望尽可能地降
低生活成本，夫妇希望平衡好工作和育儿。若是两者合租，
则可以满足各自的需求，达到一石二鸟的效果，实现共赢。

第四点是生前葬。我从前也提过与生前葬相关的业务，
即学生以打工的形式为银发族提供上门整理照片、将图像
数字化的服务。或者，让年轻人采访银发族，像《日本经
济新闻》"我的人生简历"专栏一样梳理出银发族的人生轨
迹。信息整理完毕后将照片和文章收录进 DVD，在生前葬
上分发给参与葬礼的人，也是一个不错的形式。我认为这
十分有益，年轻人不仅能打工赚钱，还能从长两辈、三辈

的银发族口中了解他们的人生阅历，以及战前年代和战争
年代的点点滴滴。

　　如果大家事先制作好了一份名单，死后向名单上的人
传达自己的死讯，那么我们便能从容面对突发情况。守夜、
告别仪式、七七忌日和一周忌全部采用线上线下结合的形
式办理，由人寿保险支付"断七"[⊖]全流程费用即可。如此，
死者本人并不需要在生前缴纳相应费用。我认为，人寿保
险就应该让投保人指定保险金的使用途径。

　　第五点是被动银发族生活城区，这与先前介绍的活力
银发族生活城区不同。比如泰国清迈等地的养老院，现在
已经有很多德国、瑞士、瑞典的银发族前来入住，提供退
休金金额范围内的服务。年轻照护师实行 8 小时轮班制，
24 小时陪护在银发族身边，帮助他们进食、排泄、洗澡等。

　　我推荐大家将养老院设置在热情好客的印度尼西亚。
日本地方政府向印度尼西亚提供帮助，并定期向印度尼西
亚派遣医疗专家，所以在印度尼西亚开设养老院一定能做
成不错的生意。

　　⊖　原文为"七回忌"，和前面的"七七忌日"（四十九忌）是一回事，指
　　　的是人死后四十九天内每周一次的忌日，这和中国传统的断七忌日
　　　是一样的。——译者注

大家也许担心异国养老院的语言问题，但是就我在清迈被动银发族生活城区的考察来看，只有在生病时需要说明病情等极少情景中必须使用语言交流。所以银发族仅需要在生病时依靠懂日语的工作人员，在进食、排泄、洗澡、复健等其他场景中，就算语言不通也能很好地沟通。

现在，日本国内的养老院里，1名照护师需要照顾4位老年人，但是外国养老院里，1位老年人能同时得到3名照护师的服务。所以接下来我们不得不考虑在海外开办养老院的业务。

给日本银发族朋友的建议

以上就是我理解的银发经济学。

最后，我向日本的老年朋友提出4点建议，希望大家运用到今后的生活中去。

1. 去世时个人资产可以为零。

2. 为了不留遗憾，请尽情享受今后的生活！

3. 请捐出多余的资金，为国家还债贡献自己的一份力！

4. 让我们携手守护美好日本的未来！

我有许多企业家、富有的朋友，他们认为"国家收走了自己赚的大半部分钱"，因此选择移居新西兰、新加坡等地。就算缴纳高额税款后财产还是"用之不竭"，他们依旧远走他乡，过着寂寞的生活。

我希望大家活出自己的人生，哪怕去世时分毫不剩也无关紧要。就像我之前建议的"税收制度修订案"里面提到的那样，如果导入类似"针对将资产的10%用于捐款的企业家，免去其捐款额十倍数额的遗产税"的制度，那么企业家一定会纷纷报名捐款，这样多余的资产也能回流至市场。

我想强调的是，日本蕴含着巨大的"地下资源"——我们的地下沉睡着2000万亿日元的个人金融资产，可以比拟沙特阿拉伯的石油资源。这样规模庞大的财富我们却不加以利用，让它们白白流失了。我们应该改变这种生活模式，让其回馈日本经济。

我认为，这样才能让日本经济恢复活力，这样才具有现实意义。毕竟，个人金融资产可以变成我们的财政来源，我们必须马上加以利用。

（本章以上内容根据2022年6月向研会研讨会重点内容重新编辑而成，其中一部分由向研会2022年4月"因数字化改变的健康护理以及日本面对的课题"研讨会内容删改而成。）

以上是"银发经济学"主题报告的概要。

接下来，我将以过往连载文章为基础，具体就某一个主题、某一论点继续讲解，再次梳理整个问题。以下资料和数据可能与主旨讨论会提到的有所重复，请您谅解。

检验 龟速进展的"数字田园都市国家构想"及"资产收入倍增计划"

两字之差就将民众蒙在鼓里的"骗局"

2022 年夏天的参议院议员选举上，自民党在选举中获得过半数席位，选举"大获全胜"，该结果与日本前首相安倍晋三枪击案博来的同情票以及在野党共同提名候选人联盟建设效果不佳等因素密切相关。

预测称，只要岸田首相不解散众议院，意外搭乘"顺风车"的自民党政权到 2025 年秋季都可以避免国政选举，拥有掌权的"3 年黄金期"。但是，我自始至终都不相信这种不切实际的预测。岸田首相标榜的"经济增长和分配的良性循环"和"新资本主义"等主张意味不明，认为现在的社会容易引发"贷款和经济衰退的恶性循环"（参考拙作《经济参谋》）。

实际上，虽然岸田首相在自民党总裁选举上提出了"令和版收入倍增计划"的主要政策，然而政府似乎也意识到该计划难以推进，于是早早将其搁置。2022 年 6 月出台的"经济财政方针（经济财政运营和改革基本方针）2022"里，政府将其替换为了"资产收入倍增计划"。2000 万亿日元个人金融资产中存款和现金占了一半多，政府更改表述的目的在于促进"储蓄向投资的转化"。

"收入倍增"和"资产收入倍增"虽然只有"资产"二字之差，其含义却大不相同。"收入"指的是工资收入、业务收入、利息收入、股票和信托基金的分红收入以及房地产（租金）收入等，"资产收入"却不包括工资收入和业务收入。换言之，没有储蓄、股票、不动产的民众不在"资产收入倍增计划"的范围内。从"收入倍增"到"资产收入倍增"的转换实际上等同于骗局。

"数字推进委员"和"数字甲子园"的情况如何

岸田首相的另一个主要政策就是"数字田园都市国家

构想"。内阁官房官网显示，该构想以"从地方城市开始推进数字化进程，掀起变革新热潮，缩小地方城市与大城市的差距，更好地连接全世界"为目标。

为落实这一构想，政府从 2022 年起推出了配备 2 万多名"数字推进委员"的方针，率先在青年经济团体和全日本设有网点的手机店里募集"数字推进委员"。"数字推进委员"负责教授老年人手机、网络、社交网站的基本使用方法，以及个人编号卡的申请方式等，对老年人数字化互动提供支持。但是这是否有实际意义，我对此存疑。曾经有人伪装成理财顾问，想方设法地骗取新冠疫情补助金，老年人在数字世界里更容易上钩，这类诈骗者大概在窃喜吧。

另外，政府还于 2022 年夏天举办了"Digi 田（电子）甲子园"。为加快"数字田园都市国家构想"建设的进程，政府宣称计划在相关地方城市和企业中选取杰出事例，表彰它们对构思做出的贡献，但是我并不认为这种活动能起到激励的作用。实际上，这项举措在事后也没能引起人们的关注。

从根本上讲，我并不理解"数字田园都市国家构想"的概念内核。我们当然需要在各地方城市改善 Wi-Fi 和 5G

网络（第五代移动通信技术）等信息化基础设施，但是在我的认知范围内，没有国家能以此实现缩小地方城市与大城市差距的目标。每个国家的人口和企业都集中在大城市，地方城市之所以繁荣，一定与它独特的魅力息息相关。

比如法国的马赛。马赛并不急着加快数字化进程，因为马赛古老的街道、港口城市的美景和城里独特的马赛鱼汤正在源源不断地吸引着游客。

再比如，美国的数字游民（使用笔记本电脑、手机、平板设备等工作，但是无固定工作场所的人）并不在意数字化的发展，他们想要更多地接触大自然，追求惬意的慢生活，从而选择从大城市移居至地方城市。东北部冰雪带工作的人们选择在退休后前往阳光带，享受自己的第二人生。近期，越来越多的人选择移居至得克萨斯州。在他们眼里，得克萨斯州不用缴纳个人所得税和法人税、房价便宜、通勤时间短等诸多因素都十分有吸引力。

换言之，人们并不被城市的数字化程度所吸引，反倒因为"街头风情""美食""生活方式""气候""纳税额""居住环境"和"通勤时间"等因素流动、聚集。可见标榜"数字田园都市国家构想"的政治家全然不懂群众的心理和经济的运行规律。

尽是文字游戏般的"拍脑袋"政策

现在只要不身处偏远地区，我们随时随地都可以使用手机和网络，就算向地方城市的老年人教授手机、网络的使用方法，也不会产生"新的变革热潮"。本就有很多老年人为观看孙辈的视频和照片学习使用手机和平板电脑，只要给他们一个适合初学者入门的简单设备，配备易懂的系统，让他们有了学习的欲望，那么让他们加入数字化行列并非难事，"数字推进委员"有些多此一举了。

政府甚至任命了"地方创生"大臣推进地方城市改革和"数字田园都市国家构想"的建设，然而没有任何实际成效，只是打着数字化名头的"披着羊皮的狼"。最根本的问题是，中央集权制度下，地方城市不可能实现真正的改革。如果不像我先前提倡的那样修订宪法第8章，向地方政府转移一部分的"立法权""行政权"和"司法权"，则难以实现地方的繁荣发展。如果像得克萨斯州那样，废除个人所得税和法人税，也许日本还能大变样。

与岸田首相同属"宏池会"○的大平正芳首相提出了"田园都市构想"，该构想是"数字田园都市国家构想"的

○ 日本自民党主要大派系之一。——译者注

前身，目标在于建成融合大城市活力和地方城市闲适感的多彩国家。但是如今高速公路交通网遍布全日本，大城市和地方城市的差距仍在进一步扩大。

而"令和版收入倍增计划"其实模仿了"国民收入倍增计划"，该计划由"宏池会"池田勇人内阁于1960年发布。当时还处于战后经济高速增长期，GNP（国民生产总值）轻而易举地实现了10年倍增的目标。但是现在日本处于低速增长时期，别提"收入倍增"了，"资产收入倍增"也不切实际。

也就是说，"数字田园都市国家构想"和"资产收入倍增计划"都是从党派大前辈那里"抄袭"（炒冷饭）的，只是一句广告词、一具空壳，缺乏实际内容。这如文字游戏般的"拍脑袋"政策居然是首相主张的主要政策，这300%不可行。

安倍经济学力争在10年实现实际GDP增长2%的目标，然而10年过去了，目标依旧没能实现。现在岸田首相又"沿袭"了自民党的传统，"3年执政黄金期"内拿不出有用的对策，我们几乎可以断定，日本将继续走下坡路。

虽然日本政府更改了政策内容，积极地增加预算，然而最终也只是"雷声大，雨点小"，不了了之——政府不断重蹈覆辙，令和时代的日本正迎接着自己衰落的命运。

建议如今，我们需要引导银发族旅游的"构思力"
制作人

"GO TO Campaign"和"全国旅行支援计划"都是愚蠢的政策

入境旅游（访日外国游客的入境旅游）热度持续回升。据日本国家旅游局（JNTO）估算，受新冠疫情影响，2020年2月起入境游客数大幅减少，而2023年7月日本的入境游客数约为232万人，新冠疫情发生后月入境游客数首次突破200万人，连续6个月实现大幅上涨的态势。估算还显示，2023年1～6月的入境游客总人数为10 712 000人，2023年上半年人数突破1000万人。其中，韩国游客（3 128 500人）最多，其次是中国台湾地区游客（1 770 600人）和美国游客（972 200人）。2023年3月，各国的海外邮轮也接连到访日本各地港口。

之前因为新冠疫情的影响，很长一段时间内中国赴日跟团游受到影响，但是我认为，今后只要中国游客强势回归，入境游客数刷新2019年3188万人的纪录也只是时间问题。

政府为刺激国内旅游需求，出台了"GO TO Campaign"和"全国旅行支援计划"，我曾多次在书和杂志连载中批判它们是愚蠢且粗糙的政策。原因有二。第一个原因是"利用 / 能够利用"服务的群体和"不利用 / 不能利用"服务的群体之间存在不公平。

日本国家旅游局表示，2023 年 4 月后将继续实行"全国旅行支援计划"，日生基础研究所 (NLI Research Institute) 的调查却显示，前年年底前用过"全国旅行支援计划"服务的人仅占 21.1%，未曾用过的人数占比高达 64.2%。不用该服务的最大理由是"手头不富裕"，还有很多人表示，对于拥有学龄儿童的育儿家庭来说，很难在保证孩子正常上学的同时出门旅游。

"大手笔发放补助金"的利弊

享受过这两个计划带来的低价旅行的人看见类似的跟团游，或以原价入住同一家酒店时，容易因价格而犹豫，这就是我批判"GO TO Campaign"和"全国旅行支援计划"的第二个原因。而且，服务方过于依赖补助金，容易丧失基本的经营能力。"GO TO Campaign"结束后情况不仅不会好转，还会给旅游观光行业带来负面影响。

实际上，在正式刺激旅游需求前，旅游观光行业已经不景气了。东京商工会议所的调查显示，2022 年即便推出了无抵押无息贷款（零零融资）、延期偿还债款的特别措施和雇用调整补助金等多项援企纾困政策，依旧有 18 家旅游公司宣布倒闭。另外，旅游住宿业也因新冠疫情期间的员工离职面临着人手不足问题。

新冠疫情肆虐、入境游客消失的 3 年，本来是日本旅游观光行业彻底改革的绝好时机，当时就应该改变雇用方式，调整员工的工作方式，让经营活动更加现代、高效，为新冠疫情结束后在各名胜古迹和观光胜地提供更好的服务做准备。

但是，正因为政府大手笔发放补助金，导致旅游观光行业压根儿没产生改进自身的想法。今后随着入境游客的增多，外国游客热门景区会再次出现过度旅游（景点旅游人数超过可容纳人数），旅游住宿业的人手不足问题越发严峻。

形成创造就业的良性循环

那么，旅游观光行业究竟应该如何改革？ 2010 年温哥华冬奥会主会场惠斯勒滑雪度假村就是一个很好的例子。

如果游客在滑雪场滑雪，傍晚却不下山住宿，那么当地城镇就难以繁荣。惠斯勒滑雪度假村在山脚的小镇里设置了200多家酒店、小屋、餐厅、咖啡馆、俱乐部、服饰店等，一个接一个，每天夜里小镇都因游客而热闹非凡。

然而，日本的滑雪场如斑尾高原、志贺高原、野泽温泉等，酒店通常建在山上，夜里天气不好的情况下，游客并不想下山去山脚的城镇观光，所以车站前是一片萧条。

现在，几家大公司经营着世界各地的滑雪场，以"规模经济"赚钱。比如巨头范尔度假村的季票可以在加拿大惠斯勒滑雪场、美国范尔滑雪场、日本白马村或留寿都度假村、澳大利亚佩里舍滑雪场等滑雪场通用。但是日本滑雪场的索道车大都为不同公司所有，因此不能给上述"规模经济"提供便利。

我的朋友广濑光雄成立了高尔夫球场运营公司PGM（Pacific Golf Management），收购了日本国内140多家经营赤字的高尔夫球场，进行统一管理，实现效率最大化的同时最大限度降低成本，提升服务质量，最终实现了从亏损到盈利的逆袭。运营滑雪场也是相同的道理，统一管理才能提升经营效率，降低运营成本，提升服务质量，继而提高顾客的满意度。

我参考外国的成功案例，为长野县饭山市以及新潟县

越后汤泽地区提出了修建一体化滑雪场的构想,然而当地
市长以及有关人员担心,现代化高效经营模式可能造成就
业岗位数量的减少,因此并没有推动该构想落地。不过,
如果现代化高效经营模式使滑雪更方便,游客更满意,那
么就可以招徕更多游客,最终也能促进就业,带来地区的
繁荣,从而形成良性循环。

日本自古以来就拥有丰富的观光资源。每逢节假日和
周末,我都会骑摩托或开车出门到处转转,寻找遍布各地
的美景和美食。

问题在于,我们是否有充分发挥观光资源优势、吸引
游客的"构思力"。提到构思力,我们来看看《滑雪场在夏
天挣钱吧!》(东洋经济新报社)作者和田宽实际在白马岩岳
滑雪场进行的改革。白马岩岳滑雪场一度衰退,滑雪游客
急剧减少,和田先生提出了许多崭新的想法,将其打造为
一年四季享受不同乐趣的山岳度假村,成功地增加了大量
游客,改革成果十分引人注目。

和白马岩岳滑雪场一样,"隐藏资源丰富""宝藏惨遭埋
没"的观光地还有很多,我们需要发掘类似场所的制作人
带领大家前进。比起一味地撒钱,政府更应该为能实现上
述构想的"人才"提供帮助。

目标客户是"手头宽裕的群体"

在这种旅行需求中，我们也应该以"手头宽裕的群体"，即银发族为目标客户。构思、打造反映 60 岁以上银发族兴趣爱好且让银发族满意的旅行，这才是重中之重。

爬山很受银发族的喜爱，各大山上都能见到银发族的身影。任何人任何时间都可以爬山，轻松地享受大自然的乐趣，所以如果能构思出新式爬山玩乐方法，那么一定能发现更大的市场。

另外，新式海洋旅行也是一个很好的方向。我过去也在书中建议到，日本作为岛国，拥有长达约 35 000 千米的海岸线，还有 3000 多个港口，数量之多堪称世界之最。我们必须灵活利用港口资源，让人们体验坐船、钓鱼等海上休闲活动。

实际上，很多欧美港口都对外开放，老年人和子辈、孙辈一起来体验海上休闲活动。比如，在挪威，几乎家家户户都有一艘船；希腊和克罗地亚的港口可供世界各国船只免费停泊；加勒比海沿岸港口，墨西哥的下加利福尼亚州的港口挤满了美国的休闲船只。完善港口相关基础设施的同时，提供面向银发族的餐饮和酒店，这也足以成为一个新的业务点。

第 2 章

"大众到个人的转变":
日本"单身社会"的未来预测图

超级老龄化社会 × 单身社会 = 日本

2023 年 5 月，日本政府将新冠疫情下调为 "5 类传染病"，然而时至今日，疫情依旧没有完全结束，日本国内消费支出仍然低于疫情前的同期水平。在日本社会长期结构性变化和新冠疫情的影响下，消费者新画像应运而生。如果社会不能很好地顺应这种变化，日本的国内消费将不可能恢复至原有水平。

从 "昭和" 到 "平成"，接着进入 "令和"，"家庭形态" 越发趋于多元，"一人户" 家庭占比最大，成为主流。不婚、晚婚潮席卷日本，单身人士不断增多，独居老人人数也在年年递增。独居老人的 "一人户" 家庭占比超过三成，有统计显示独居老人中拥有独栋住宅的比例十分高，这实在讽刺。

在社会变迁的背景下，企业需要顺应 "单身社会" 的时代特征，开展相应的业务。现在 "独活"（一个人的活动）备受关注。疫情期间人们的行动受限，维护人际关系让人感到心累，出于这些原因，人们开始积极享受独处的时光。掌握不同顾客的需求，更好地开展业务，其关键在于运用 AI 和手机等工具分析顾客数据,提供"个性化"服务。这要求企业不能简单地以阶级、阶层为基准细分客户,需要思考"单身人士希望享受怎样的服务?""'个性化'为企业带来了哪些商机?""'一人'经济的前景如何?",考验的是企业贴近客户的能力。

　　日本已经步入了超级老龄化社会和单身社会,这样的日本该如何进一步发展?接下来,请大家同我一道探索日本的未来。

单身社会的消费者新画像

点播时代

我们可以用一个英文单词简洁明了地概括今天的主题。

在传播模式中，面向"全国听众"的传播模式是广播，用英语讲就是"broadcasting"。与此相反，比如向日比谷或涩谷电影院周围散步的人群宣传电影或舞台剧，这种受众明确的传播模式被称为"narrowcasting"（窄播）。现在每台手机上都装载了 GPS，大家可以随时随地在电商平台网购。企业接收订单，分析数据，从而掌握了手机用户感兴趣的产品和网购时关注的重点等内容，所以会向用户发送诸如"田中太郎先生，这里有适合你的商品"等消息。这就是"pointcasting"（点播）。

从广播到窄播，我们花费了 15 ～ 20 年的时间，而现在点播的时代已然来临。在中国的阿里巴巴、腾讯、百度等企业的推动下，点播业务发展突飞猛进，现在全世界的企业都开始向顾客推送有针对性的广告，以此宣传自家产品。最重要的是，企业需要跟上潮流，挖掘点播模式的商机。

后疫情时代的"消费者新画像"

如今,"单身"家庭,即"一人户"家庭占比超过整体的38%,再过几年即将到达40%,该现象前所未有。也就是说,10栋独栋住宅中有4栋只有一人居住。这是一个全国性的社会问题,但也为我们提供了许多商机。

新冠疫情中,"一人户"家庭问题加剧,长远来看,20世纪末至21世纪20年代,日本的社会结构不断向单身社会发展。受疫情影响,人们需要避免大规模聚集,行动受限,因此人们的行为举止发生了变化,产生了新的消费者画像,这便要求企业在业务方面进行相应的调整。

那么,让我们来具体看看消费者新画像"新"在何处。首先,从结构性变化角度看,正如上文提到的那样,人口变动图显示现在社会的结构特点是"一人户"家庭增多,不婚主义盛行。接着,数字化转型不断发展,电商和D2C模式(Direct to Consumer,不通过中间商销售,直接在自己企业的电商平台向客户销售商品)兴起,企业能够与消费者、用户建立直接的联系。此外,随着全球变暖问题日益严峻,社会更加看重企业在履行社会责任方面的行动。所以企业除提供细致的个性化服务之外,还需加大SDG(可持续发展目标)及可持续发展方面的行动力度。

新冠疫情还带来了消费观的转变。新消费观以健康和安全为导向，关注可信赖的产品。除消费观之外，人们的生活方式也发生了改变，呈现出宅家时间增多、网络生活占比提升的特点。

我将详细讲解社会上逐渐明显的消费者新画像，希望能成为大家完善、调整自家企业业务的契机。

以 20 年为单位考察"家庭"的变化

首先，我们来看看日本家庭形态的变化。以 20 年为单位考察，我们可以清晰地看出家庭形态最重要且最巨大的变化（参见图 2-1）。

请大家关注图上 1980 年（昭和 55 年）、2000 年（平成 12 年）以及 2020 年（令和 2 年）三年不同家庭形态的占比。1980 年时，夫妇加孩子的核心家庭最为典型，占 42.1%。这类家庭购买一周所需食材时，需要开车前往超市，买满一整个后备厢。2000 年时，核心家庭占比降至 32% 以下，并于 2020 年减少至占 25%。与此相反，"一人户"家庭占比持续上升，从 1980 年时的占比不到 20%，增加至 2020 年的 38%，占比最大，再过几年即将突破 40%。也就是说，约四成的人过着独居生活。

不同家庭形态占比的变化

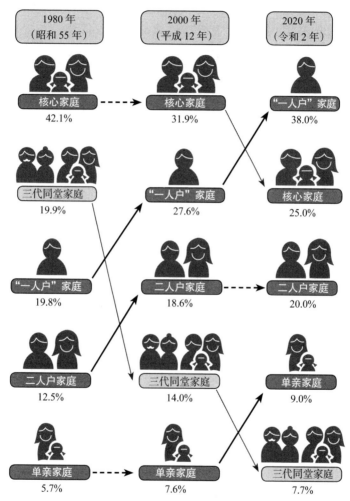

图 2-1 从昭和到令和,"家庭形态"趋于多元,现在"一人户"家庭
占比最大,成为主流

资料来源:内阁府男女共同参画局,《男女共同参画白皮书 令和 4 年
(2022 年)版》。

另外，由夫妇二人组成的二人户家庭占比略微增多，2020 年升至 20%。过去曾有许多面向二代同堂、三代同堂家庭的房屋，电视上也常常播放房屋的广告，然而现在三代同堂的家庭只剩约 7%，年轻夫妇、爷爷奶奶等长辈和孙辈三代同住的情况减少，此类房屋的需求也随之减少。

如上所述，我们以 20 年为单位考察，发现日本家庭形态发生了巨大的改变。在此需要大家特别注意的是，"一人户"家庭占比接近 40%，成为主流。

不向恋爱、结婚迈步的年轻人

日本社会还存在一个严重的社会问题。我于 2008 年出版了《再启动：获取职场生存与发展的原动力》一书，指出现代年轻人有"失去物欲和晋升欲"和"过极简生活"的倾向。我就此问题发表了见解，称"日本的消费结构将发生根本性转变，今后这个趋势只会加速不会停滞"，强调了问题的严重性，为社会敲响了警钟。

2015 年，我深挖上述现象背后的原因，出版了《低欲望社会》一书。我在书中表示，"多数日本年轻人' DNA 突变'，对生活的渴望和追求逐渐减弱"，因此"我们不应该继续使用现在这种浪费税金刺激消费的方法，而应该从年轻人的心理层面入手，努力激发经济的活力"。当年书中的分析放在现在依旧适用。

我们可以从 20 ～ 29 岁年轻人的生活现状中窥见今后日本的发展状况。

首先，请看图 2-2 中间部分的饼状图。20 ～ 29 岁的群体中，无恋爱经历的男性占 40%，女性占 25%。现在的年轻人错过了二十多岁这个谈恋爱的最佳时机，步入 30 岁后才开始谈恋爱，在我们看来可真别扭，这与现在中老年一代的恋爱截然不同。

而且，很多年轻人没有私家车。我们这代人如果想谈恋爱，脑海里冒出的第一个念头就是买一辆车，就算是"斯巴鲁 360"那样的小车也行，然而现在的年轻人已经丧失了买车的意愿。

图 2-2 上半部分的饼状图展示了 20 ～ 29 岁群体的配偶情况。65.8% 的男性，也就是三个人里有两个人都没有配偶或女朋友。没有配偶但是有女朋友的约占 19%，合计未婚男性大约占 85%。已结婚（有法定配偶）的男性占 13.6%，未婚但是存在事实婚姻的占 1.5%。欧洲 50% 的婚姻都是事实婚姻，但是这种情况在日本很少见。

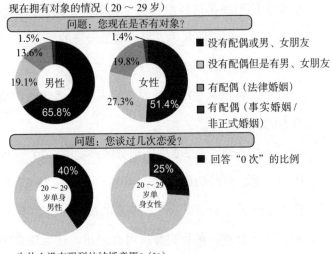

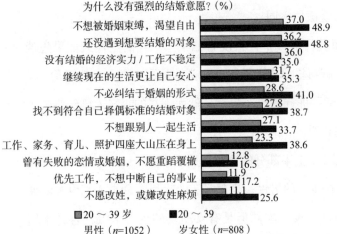

图 2-2　20～29 岁的单身群体中，没有男、女朋友的人数过半，甚至有四成的男性从未谈过恋爱

资料来源：内阁府男女共同参画局，《男女共同参画白皮书 令和 4 年（2022 年）版》。

再来看看女性。女性"没有配偶或男朋友"的占 51.4%，也过了半数。"没有配偶但是有男朋友"的占 27.3%。已婚女性比已婚男性占比高，不过也仅仅占了约五分之一。

20 多岁就呈现这种状态，缺乏恋爱和结婚的"练习"，步入三十岁后突然开始疯狂谈恋爱，甚至发展到结婚，这是不太可能的。如果变成了与父母同住的"单身寄生族"，那就更容易安于现状，迟迟不向恋爱、结婚迈步。

为什么现在的年轻人不愿意谈恋爱、结婚？内阁府以 20 多岁、30 多岁的年轻人为对象进行了调查。对于"为什么没有强烈的结婚意愿？"一问，近半数女性回答"不想被婚姻束缚，渴望自由"（占 48.9%），其次占比最大的回答是"还没遇到想要结婚的对象"（占 48.8%）。确实，恋爱次数不多，没遇上想结婚的对象也很正常。第三大理由是"不必纠结于婚姻的形式"（占 41.0%），不过她们嘴上说赞成事实婚姻，实际上也没有付诸实践。另外还有"找不到符合自己择偶标准的结婚对象"（占 38.7%）、"工作、家务、育儿、照护四座大山压在身上"（占 38.6%）等理由。如果出嫁后生活水平下降、负担变重，那确实会使人犹豫是否需要结婚。

就这样，曾被我称为"低欲望""极简生活一代"的年轻人转变为了"回避恋爱""回避结婚"的一代，也许我们需要用不同于"低欲望"的另一种表达方式或另一个关键词来加以定义。我认为在今后的一段时间内，20～29岁群体都会维持这种状态。

逐渐扩大的线上相亲市场

市场上出现了与年轻人婚恋相关的"匹配服务"，此类线上相亲业务有巨大的发展前景（参见图2-3）。2020年线上相亲市场规模扩大至622亿日元，预计将在2026年进一步扩大至1600亿日元。

现在备受关注的相亲网站与大家印象中的"交友网站""约会服务"等完全不同。以相亲网站"Carricon"为例，该网站对女性会员收费，对男性会员免费，但是总体上看男性会员少，女性会员多。女性会员会详细标明自己的择偶标准，比如要求年收入不少于某个数值，希望双方结婚后自己能够继续工作、两人共同分担家务等。Carricon网站的服务内容是根据女性会员的择偶标准，筛选并推荐符合条件的男性。网站事先准备了50个问题，包括如"您是否赞同男女双方共同分担家务？""当女性伴侣被派遣至国外时，您是否选择一起前往国外？做出这种选择的理由是

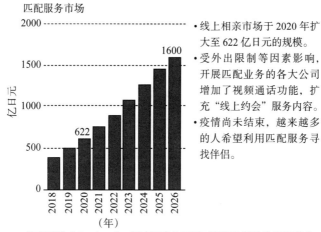

匹配服务市场

线上相亲市场于2020年扩大至622亿日元的规模。
受外出限制等因素影响，开展匹配业务的各大公司增加了视频通话功能，扩充"线上约会"服务内容。
疫情尚未结束，越来越多的人希望利用匹配服务寻找伴侣。

相亲网站"Carricon"：以希望建立双职工家庭的群体为目标客户

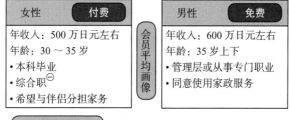

图2-3 线上寻找婚恋对象的"匹配服务"越来越多，且越来越受女性用户青睐

资料来源：Tapple调查。日本经济新闻2021年1月18日新闻。日本经济新闻2021年10月17日新闻。

⊖ 从事综合事务的工作岗位。

什么?"女性会员可以通过对方的回答分辨对方是否满足自己的要求。该网站的服务机制对达不到女性会员要求的男性会员来说确实有些苛刻。

男性会员年龄大都在 35 岁上下,年收入为 600 万日元左右,是公司的管理层或从事专门职业。女性会员会事先浏览男性会员的简历,确认对方的价值观,接着才与对方取得联系。像前面提到的那样,20 ～ 29 岁群体基本没有谈恋爱的经验,所以这种分步骤匹配的相亲网站越来越受女性用户青睐。

* * *

"单身匹配"业务成为新的增长点

如上所述,日本"一人户"家庭不断增多,其中三成都是独居的银发族。相关统计显示,拥有独栋住宅的独居老人占比高达三分之二(参见图 2-4),许多老年人只身一人住在硕大的独栋住宅里,这成了一个严重的社会问题。

一般情况下,对银发族来说,翻修独栋住宅后租出去收取租金,或将房子卖掉,住进单身公寓或养老院、服务

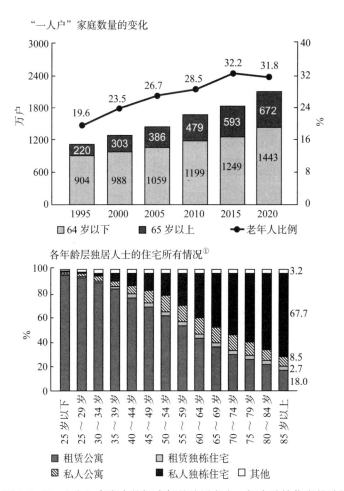

图 2-4 "一人户"家庭中的三成都是独居老人，拥有独栋住宅的独居
老人占比颇高

① 以各年龄层独居人士住宅所有情况的总和为 100%。
资料来源：根据平成 30 年（2018 年）住宅土地统计调查制作。根据令和
2 年（2020 年）国势调查制作。

型老年人公寓等设施齐全的地方，都比自己单独住在大房子里舒适得多。但是日本人顽固地认为，年轻时建起的独栋住宅就是自己"最终的归宿"，始终不愿放手离开。所以最后拥有独栋房子的老年人居多。为扭转这样的态势，我们必须以独栋住宅的活用为切入点，寻找新的商机。

我在第 1 章中提到了以下这一点。从前家里如果有空出的房间，人们会以廉价房的形式出租，以供大学、高中离家太远的"上学难"的学生租住。这就是寄宿，然而近年，人们似乎越来越排斥寄宿。

现在，越来越多的老年人只身一人住在独栋住宅中。我认为在这样的背景下，独居老人与单身年轻人的匹配服务一定能够产生积极的效果。比如，根据市场行情，将房屋租金设定为平均价格，如果年轻租客想少付租金，则需要协助同住的老年人做家务、购物，作为"守护者"保证老年人的安全，并与老年人的儿女取得联系。在这种机制下，我们可以在老年人的独栋住宅里创造一个双方互利互惠的环境。美国已经有一个名为"Papa"的网站提供类似服务，我认为这种商业模式存在十分巨大的商机。

我也在第 1 章中列举了可以匹配的两类人，一类是孩子经济独立后闲暇时间增加、住宅房间空余的银发族，另一类是忙于育儿的双职工夫妇。据我所知，现在日本并没有开展这项业务的公司。现在这么多独居老人拥有独栋住宅，今后活用这些独栋住宅的经济将有非常大的发展前景。

迅速切换至"一人户"家庭导向经济

过去，企业通常以家庭为导向开发新产品，现在，以家庭为导向已经逐步向以单身人士、独居人士、"一人户"家庭为导向切换。家用电器方面，新开发的冰箱、洗衣机、取暖设备以及厨房的饭菜加热板、微波炉等越变越小。食品方面，出现了小包装副食、小包装零食、小瓶调味料等不同大小的商品。软包装食品以及冷冻食品方面，出现了一人份炒饭、一人份御好烧⊖以及一人份火锅酱油等。一人份软包装食品采用大包装套小包装的形式销售，现在为进一步促进个人消费，通常将不同口味的小包装打包进大包装销售。如此，许多食品公司推出了不同尺寸、不同克数的商品，冷冻未烹饪食品的专用冰箱也备受欢迎。现在市中心的超市货架上也摆放着小份生鲜食品和一人份副食，

⊖ 也被翻译为什锦烧，是一种在关西和广岛地区广受欢迎的日式煎饼，是日料中的常见菜。——译者注

给顾客带来更多便利。

积极享受独处时光的"独活"

新冠疫情时期，人们的行动受限，生活中更需要顾及他人。在这样的背景下，积极享受独处时光的"独活"备受关注。独活是由"单独"和"活动"组成的新词，强调不为人际关系所困扰，不需要与周围保持一致，不必在意旁人施加的压力，尽自己所能追求喜爱的事物，因此受到人们的追捧。

图 2-5 展示了有关"独活"问卷调查的结果，列举了一人行动的优缺点。一人行动的优点有"自己安排时间""不需要迎合别人的日程""不需要考虑对方的想法""不用在意旁人的目光""省钱"等，缺点有"难以一个人进入某些特定的场所或商店""没有抒发感想的对象"等。

在新冠疫情的背景下，人们对"独活"人士的印象发生了 180 度大转变。过去人们大多对他们抱有如"偏执""难以交流"的负面印象，而现在 41.1% 的人认为他们"把自己放在第一位"，还认为他们"非常独立""极具行动力""高效利用时间""懂得如何放松"，都是正面的评价。可以看出，"独活"现在给人以积极的印象。

一人行动的优缺点

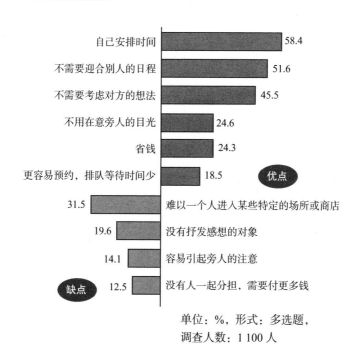

单位: %, 形式: 多选题,
调查人数: 1 100 人

对 "独活" 人士的印象

第一名 "把自己放在第一位" (41.1%)
第二名 "非常独立" (39.3%)
第三名 "极具行动力" (32.9%)
第四名 "高效利用时间" "懂得如何放松" (24.4%)

图 2-5 疫情期间人们的行动受限, 维护人际关系让人感到心累, 积
极享受独处时光的 "独活" 备受关注

资料来源: Cross Marketing 公司, 《一人行动相关调查》, 2020 年 11 月 4 日。

"独活"经济规模不断扩大

接下来我将为大家列举一些引发热议的"独活"例子。首先是"一人卡拉OK"。不可否认,新冠疫情"带火"了这个商业形式,除此之外"不想听别人唱歌"等理由也是推动"一人卡拉OK"发展的因素。接着是"一人烤肉""一人大轿车""一人游迪士尼"等。大阪曾出现过"一人游环球影城"的现象,还曾有人购买年卡,全年无休地玩人气项目。"个人游""一人露营""一人骑行"等也很受欢迎。我也常常在日本各地骑行,切切实实地感受到独自骑行的人多了许多。另外,现在十分流行的"一人桑拿"也是"独活"的一种。

为抢占"独活需求"并尽快在"独活"领域立足,WORKMAN、KOMERI(米利)、大创等众多企业争先进入"独活"领域开展业务,销售新产品。

工装用品连锁品牌的WORKMAN运用自己在成本效率、各类素材运用、商品制作等方面的经验,销售新式露营用品,打包售卖帐篷、躺椅、睡袋等露营五件套,价格不到1万日元(取2022年6月的价格,以下产品相同)。

售卖家居用品的大型商场KOMERI(米利)旗下本就有家具以及生活用品方面的独家品牌,现在它们还推出了自行开发的露营用具"一人帐篷",售价为6980日元。

百元店大创也积极地扩展"独活"领域市场，售卖只需 550 日元的露营用桌椅、标价为 1100 日元的睡袋以及帐篷（遮阳款）等露营用具，十分诱人。

"山上空地的订阅制服务和场地共享服务"

露营地也推出了山上空地订阅制（限额制）服务以及场地共享服务等新型服务。

比如，MOKKI NO MORI 的会员制服务也是订阅制服务模式的一种。该公司为前来山中露营的游客提供露营场地，会员可在一年内多次使用场地，年会费 11 万日元，稍微有些昂贵。

另外还有 MEDICOM 公司提供的共享山林场地服务"YAMAKASU"。该公司的官方 LINE 账号已经有 1500 多人关注，我个人认为它可以在服务名称上多下点功夫。"YAMAKASU"是一项匹配服务，匹配希望尽可能独自享受露营的露营者和希望筹集山林维护费的山林持有者。现在管护山林越发困难，从这个角度看，许多山林持有者应该会选择利用这项服务。

露营本来是大学社团成员或者朋友们一同前往露营地热热闹闹的活动，现在越来越多的人反倒喜欢自己一个人露营。

最近的潮流是一个人漫步山中，享受无水无电的旷野自然。

　　此外，"独活"领域的食品细分市场规模庞大，"一人在外就餐""一人居家用餐"等现象不断增多。对比 2016 年和 2019 年的"独活"市场，不难发现"独活"市场规模不断扩大（参见图 2-6），预计新冠疫情结束后"独活"的市场规模还会继续扩增。

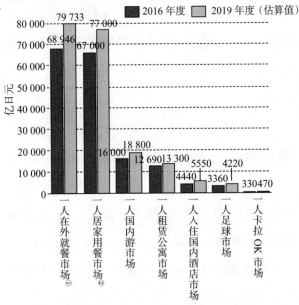

图 2-6　"一人户"家庭不断增多，新冠疫情带来影响，预计今后"独活"市场规模将进一步扩大

　① 2019 年的在外就餐市场规模约为 26 万亿日元。
　② 2019 年的居家用餐市场规模约为 9.1 万亿日元。

资料来源：根据矢野经济研究所《2020 年一人市场总览》删改而成。

* * *

媒体从大众到个人的转变

接下来，我们来看看不同性别、不同年龄层的人群使用媒体的时间（参见图 2-7）。图的左侧为男性的数据，右侧为女性的数据。男女各年龄层常看电视的人数与年龄呈正比，年纪越大，人数越多。此外，图中还明确地体现了不同群体每天使用社交媒体的时长。老年人每天花 3 个多小时，即 200 分钟左右的时间看电视，数据十分惊人。这就是所谓的广播派。与此相比，最上方灰色部分表示的是看手机的时间，图中显示年轻人使用手机的时间比看电视的时间多得多。

我知道，大家利用手机或电脑等设施，通过网络获取各式各样的信息，使用各种各样的服务。GAFAM[谷歌公司、苹果公司、Meta 公司（原名脸书），亚马逊公司、微软公司] 等 IT 企业也通过网络数据了解它们的每一个用户，具体体现为它们在网络上追踪用户设备的浏览记录，获取用户的关心事项和点击内容等数据。大家可能觉得自己并没有什么特别的行动，只是浏览了页面，但是企业会把用户点击的信息全部记录下来。

不同性别、不同年龄层的人群使用媒体的时间（2022 年）

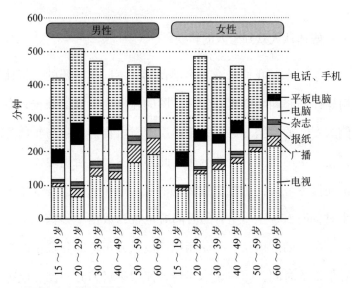

最适合个人的电子服务

> 个性化是指用 AI 收集用户软件的浏览记录等数据，基于数据的特点向用户进行推荐的机制。

社交媒体（脸书等）……向不同用户展示不同的信息
新闻直播……………………向不同用户推荐、展示不同的新闻
网飞…………………………向不同用户推荐、展示不同的视频
抖音…………………………向不同用户展示不同的视频
亚马逊………………………向不同用户展示不同的商品

图 2-7　用户年龄越小，社交媒体越呈现从大众到个人的趋势，给用
　　　　户推荐的信息、提供的服务也越趋个性化

注：个人媒体，即个性化的媒体。手机本身就属于个人媒体，另外，社
交媒体的个人中心页面及其背景也包含在个人媒体的范畴内。
资料来源：根据博报堂 DY 媒体个性化《媒体定点调查 2022》制作。

接着，企业结合用户的浏览时间，分析该页面的受众人群、该类群体感兴趣的事物，在此基础上寻找并推荐其可能感兴趣的产品。企业甚至会根据用户的喜好改变浏览页面的布局，吸引用户花更多时间浏览页面。

所以 GAFAM 各企业为捕捉更多的用户个人信息，展开了激烈的"斗争"。比如，脸书等社交媒体中，不同用户有不同的显示页面。新闻直播、网飞、抖音也对全体用户提供了个性化服务，向用户展示最适合的内容。

亚马逊公司也有面向不同客户的"猜你喜欢"和"爆款商品推荐"等推荐功能。另外，用户买东西时还会弹出"买过此商品的人还买了这些商品"的提示，推荐用户"顺手买一件"等类业务也在不断扩大的过程中。可以说，现在对用户的个性化推荐已经成了业务中理所当然的一环。

"像自己"最重要

"像自己"非常重要。一家公司对购买服装和美容护肤品的顾客进行了问卷调查，调查结果显示，他们十分注重商品"是否符合自己的体型""是否能让自己开心，是否展现了自己的风格""是否适合自己的肤质"（参见图 2-8）。关键词是"像自己"。其实在很多情况下，就算细问用户到底

关于购买服装、美容护肤品的调查

问题：购买"服装"相关产品和服务时，您看重哪些因素？请选择三个最重要的因素。(%)

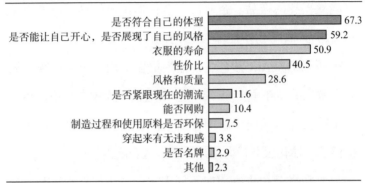

问题：购买"美容"相关产品和服务时，您看重哪些因素？请选择三个最重要的因素。(%)

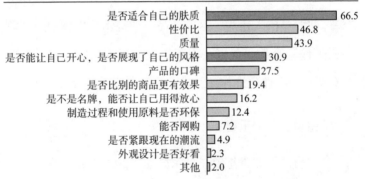

图 2-8 购买服装和美容护肤品时，最为重要的是"是否适合自己""是否展现自己个性"

资料来源：HERSTORY 公司，调查时间为 2021 年 11 月 26 日（周五）～12 月 5 日（周日），调查对象为 15 岁以上的女性，共 346 人。

喜欢哪个商品，他们自己也不太清楚，但是我们可以通过用户曾经选购的商品以及他们的购买记录，分析出用户中意的商品和购物偏好，在此基础上推荐产品。

所以如图 2-9 所示，D2C 模式的配送服务拥有很高的人气。在这种模式里，商品生产方根据用户的痛点和喜好制作商品，直接面向消费者销售，有很强的针对性。

主要的个性化商品

服务名 （企业名称）	概要	服务开始时间
MEDULLA （Sparty 公司）	线上诊断顾客的发质情况，每月根据诊断结果配送具有相应效果的洗发水	2018 年 5 月
Fujimi（Tricot 公司）	根据顾客的肤质和生活习惯每月配送保健品和面膜	2019 年 3 月
GREEN SPOON （GREEN SPOON 公司）	根据顾客改善体型方面的需求以及生活习惯，销售定制的水果汁和汤汁	2020 年 3 月
snaq.me（snaq.me 公司）	根据顾客生活习惯和口味喜好，除去顾客吃不惯的食材，制成健康点心，定期配送混装口味点心	2016 年 3 月
Personal One （FANCL 公司）	分析用户的尿检结果和生活习惯等，为顾客提供摄入最符合其身体状况的保健品	2020 年 2 月

图 2-9　商品生产方根据用户的痛点和喜好制作商品，直接面向消费者销售，这类 D2C[①]品牌拥有很高的人气

①　Direct-to-Consumer：不通过中间商销售，直接在自己企业的电商平台向客户销售商品的商业模式。

资料来源：读卖新闻，2022 年 1 月 11 日新闻。

　　比如，Sparty 公司推出一款了名为"MEDULLA"的洗发水。公司事先在线上调查用户的发质状况，每月配送具有相应效果的洗发水，实行订阅制服务模式。从前，花王、联合利华公司等制造商巨头曾根据顾客的发质和头皮屑等特征，缩小目标客户，推出了一系列商品，然而现在点播模式下的个性化商品更受欢迎。再比如 Tricot 公司的美容品牌 Fujimi，它为顾客提供个性化配送服务，根据顾客的肤质配送适合的护肤品和保健品。

　　食品方面，GREEN SPOON 公司向顾客提供以蔬菜为主的健康宅家饮食服务，根据顾客改善体型方面的需求以及生活习惯，销售定制的水果汁和汤汁；snaq.me 公司以"点心让世界变得有趣"的宣传语提供点心配送服务，根据顾客个人喜好和生活习惯，定制不使用添加剂的健康点心，定期配送至顾客家中；FANCL 公司以"无添加"化妆品广为人知，该公司在健康饮食领域推出了 Personal One 服务，根据用户的尿检结果和生活习惯等分析"您的身体需要摄入以下元素"，接着为每位顾客量身定制最适合的保健品。

　　接下来我们将进入订阅制商业模式，即 D2C 的时代。如果导入了 D2C 模式，那么与大众市场销售冠军花王和宝洁等大公司相比，我们可以提供更为细致的服务，直接向顾客发送"某某先生，这里有适合您的商品"等推荐语。

个性化和定制

接下来，企业应该以消费者新画像为出发点，进一步细分、缩小顾客类型，提供个性化服务。

过去，市场最多将顾客分为几大类别，以此进行商业活动。今后，我们必须进一步推动客户细分，思考能否从"一人户"家庭和单身人士的增加、独活、个人侧重点、个人专用等角度出发，发掘更大的市场。因此最重要的是，我们应该顺应我在《第四波》一书中提及的 AI 以及手机革命的浪潮，为顾客提供符合个人需求的个性化服务。

除提供个性化服务外，"定制"也是十分重要的因素（参见图 2-10）。就算为顾客提供了符合其喜好和需求的商品，也会出现如"我还想将它变得更加符合我的风格""我还想加上刺绣"等附加要求。因此，我认为应该在符合顾客需求进行个性化服务的同时，后续附加定制服务，这种经营才最为有效。

个性化和定制的区别

 个性化

 定制

企业为顾客提供符
合需求的商品

顾客为贴合自身喜好，
提出修改商品的要求

- 就算"将目标客户设定为 30 岁的日本女性"，细分客户，提供相
  应的商品和服务，也很难进一步开展业务
- 重要的不是性别、年龄和国籍，而是每一个顾客的需求
- 企业在活用科学技术的同时，必须重点关注每个个体不同的需求，
  并一一应对

个性化服务中起关键作用的 AI 及数据信息

活用浏览记录、购买记录、口碑评价数据的个性化服务

- 通过电商平台、动画直播平台等获取用户的购买记录和用户属性信息，
  活用 AI 分析用户的偏好，推荐相应商品
- 最重要的是发掘用户的深度数据（喜好、口碑、真心话）。亚马逊拥有
  庞大的顾客数据量，但是它仍向 @cosme（Istyle 公司）投资了 140 亿
  日元的巨额资金，就是因为该品牌挖掘了 1700 万名用户的深度个人信
  息，有很强的优势
- 这种经营模式与创造老年女性社群并独占头筹的 *Harumeku* 杂志的经
  营模式有着异曲同工之妙

活用生物特征信息的个性化服务

- 收集用户个人的生物特征信息（人脸、身体数据等），运用 AI 和算法
  分析所得数据，向用户推荐不同克数、不同成分的最佳商品
  案例：化妆品（肌肤诊断数据）、运动鞋（脚型测量）、服装（身体测量）

图 2-10　为更好地应对每个消费者的需求，运用 AI 分析并活用数据
　　　　的个性化服务成了重中之重

资料来源：BBT 大学综合研究所。

为实现个性化服务和定制化服务，我们必须深入掌握每个顾客的数据。在发掘数据方面，中国的蚂蚁集团走在世界的前沿。蚂蚁集团掌握的不仅仅是顾客过去的购买记录，还挖掘了顾客住址、住宅状况、停车场停车状况等全面的个人信息，在纵观过去所有支出情况和购买记录的基础上评估顾客的信用状况。

这个评估系统名为"芝麻信用"，系统对顾客的信用状况评分，高至 800 分，低至 350 分。

我曾从该集团有关人员那里听到了一个故事。意大利豪车品牌玛莎拉蒂向中国销售了几千辆新款 SUV 型车"Levante"，当时该品牌并没有大张旗鼓地宣传自家车辆的优点，而是打出了这样的广告词："家住上海高档小区的您，车库里是否还有一个空位呢？这里有一款适合您的新车。"精准到买家个人家庭情况进行销售，于是新车马上就卖光了。果然，不是为了别人，而是为"您"一人量身定制——这种营销手法的妙处尽在其中。

不过我认为，从某些角度看，蚂蚁集团的做法有些过分。从前中国女性选择约会对象时，有时会看男方"是否有房"，然而现在有些人将要求改为了"芝麻信用分数在700 分以上"。这样一来，芝麻信用的评分甚至可以左右一个人的命运。

亚马逊垂涎的信息收集能力

如上所述，个性化服务和定制服务需要收集顾客的浏览记录、购买记录、评价数据、点击网页等信息，以此全面地分析顾客的喜好和需求，把握顾客的消费倾向。

我在第 1 章中向大家介绍的杂志 *Harumeku* 正是如此。它有效地将老年女性读者组织起来加以运用，由此成了日本最为畅销的女性杂志，同时也开始开展电子杂志业务。在众多杂志中，该杂志最懂得如何满足老年女性的需求。

Istyle 公司旗下的 @cosme 是日本最大的彩妆、化妆品、美容综合信息网站。该网站拥有 1700 万名女性用户，她们在网站上发布自己对化妆品的意见和感想，为网站提供了深度、详细的信息。这 1700 万名用户同时组成了化妆品兴趣社区，网站通过社区获取了 1700 万名用户的数据。@cosme 网站的商品与实体店相比，价格稍微低一些，更有优势，可以说"化妆品就选资生堂"的时代已然远去。亚马逊已经比竞争对手获得了更多的客户，但是它在化妆品领域的业务仍不够深入，所以它才会给 @cosme 出资 140 亿日元，成为它的第一大股东。

在化妆品、运动鞋、服装等制造领域，运用生物特征数据的定制服务变得尤为重要。如果实现了该方面的应用，顾客在现有商品中找不到自己尺码的衣服、鞋子时，便可以使用定制服务解决问题。过去我担任耐克的外部董事时，曾试图开发这方面的服务，但是确实困难重重，难以实现。

满足顾客需求的正反面案例

当今外出饮食市场中，面向"独活"的服务也在不断扩大业务板块。

总公司位于博多的一兰豚骨拉面店推出了一项名为"味道集中柜台"的业务，用隔板将顾客分开。例如一位女士单独来店里吃拉面，但是不想让旁人看到自己独自吃饭的场景，这时就可以使用这项方便的服务。另外，不想被别人发现自己点单多加鸡蛋的顾客也能利用这项服务，将自己从旁人的目光中解放出来。店内桌上放着每位顾客专用的点单纸，菜品十分丰富，顾客可以根据自己的喜好个性化点单。"味道集中柜台"不仅在物理层面分开了顾客，还在心理层面给予每个顾客私人空间。一兰豚骨拉面店已经为"味道集中柜台"申请了专利，今后预计将有越来越多的店铺导入这种模式。

在此，我想介绍两个应对顾客需求的实例，一个是反面教材，一个是正面案例。

首先是反面教材。"IKINARI STEAK"是曾经风靡一时的牛排连锁店，它发展迅速，不断扩大业务，却错误地使用了四人桌，降低了食品质量却没有下调价格，忽视了"独活"注重的要素。最终，它所属的 Pepper Food Service 公司老板下台，损失惨重。

与此相反，主打一人烤肉的连锁店"YAKINIKU Like"可谓正面案例。它为每个客户提供单人排烟设备，让客户更好地享受一人烤肉。菜单上套餐种类繁多，店内也有分隔顾客的隔板。它还推出了面向个人的单人廉价畅饮套餐，俗称"一人醉"。该公司钻研了"独活"的特点，并用其所长成功地吸引了许多个人顾客。从前，大家普遍认为烤肉是一项集体活动，然而现在一个人也能独自享受烤肉的乐趣，因此该公司的营业额不断增长。

* * *

提升工作积极性的营销模式

一部分企业实施了独具特色的营销模式（参见图 2-11）。

雀巢公司的代言人制度

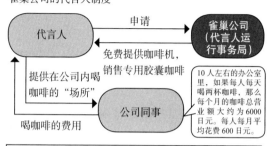

公司不设置专门的场所，也能吸引代言人聚集，促进代言人社区的壮大

资料来源：根据 NESPRESSO 等各类报道、资料制作而成。

VANISH STANDARD 公司的 STAFF START 模式

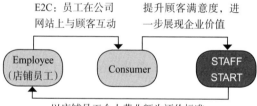

以店铺员工个人营业额为评价标准

- E2C（Employee to Consumer）是指店铺员工和顾客在网上建立良好的关系。
- STAFF START 不仅能通过沟通、上传视频和评论等形式在网上与顾客互动，还能可视化展示店铺员工个人的线上营业额情况。
- 连接店铺员工和店铺的有关评价，达到激励员工和提升服务质量的效果。

图 2-11 除 B2B 模式外，还存在活用积极性较高的代言人和员工的 C2C 营销模式

资料来源：VANISH STANDARD 公司。

　　比如雀巢公司实施的代言人制度。这种营销模式以代言人所在公司的员工为对象，10人为一个单位，细致地把握顾客的特点，不针对"某股份公司"的全体员工，而将目标客户范围缩小至"某大楼某层东侧转角"活动的人群。在转角处向这10位员工免费提供咖啡机，并配上专用的胶囊咖啡。如果每人每天喝两杯咖啡，那么每个月的咖啡总营业额大概有6000日元，每人每月平均花费600日元。雀巢公司将掌握10位顾客（即同事）的需求情况，接收订单，将负责雀巢与同事沟通的人称为"代言人"，虽然并不为代言人发放工资，但是雀巢公司每年召开代言人大会，在大会上发布成功案例。如果代言人与雀巢公司保持密切的联系，并为销量做出了突出贡献，那么他们就能作为优秀代言人受邀参加大会。对于代言人而言，虽然没有工资，但是其工作成果也可以得到雀巢公司的认可。对于雀巢公司而言，比起专门雇用销售人员，让客户自家员工倾听同事的需求更能令自己放心。

　　此外，还有VANISH STANDARD公司推出的"STAFF START"营销模式，该公司是我现在最关注的日本公司之一。公司CEO名为小野里宁晃，他认为"自己的人生由接二连三的失败组成"。在渡过诸多坎坷后，他最终成立了

VANISH STANDARD 公司。

该公司用网络将销售人员与顾客连接在一起，使用 E2C（Employee to Consumer，指店铺员工和顾客在网上建立良好的关系）方式销售服装。这种营销模式正是我关注的要点。现在服装界销售人员的平均月工资大约是 16 万日元，且不管怎么努力依旧难以达到每月 20 万日元水平。在这样的背景下，在 STAFF START 模式下，销售人员自己成为商品模特，穿戴服饰，搭配包包、鞋子等，向大家传递品牌的魅力，以此增加潜在客户。这与中国的网红带货十分相似。至今为止，销售人员的月最高销售额达 1.3 亿日元，年最高销售额达 10.3 亿日元，平均大约 3% 的销售额归销售人员所有，所以该模式成功提升了销售人员的工作意愿。

富山县销售额排名第一

小野里先生表示，销售人员平均年销售额最高的都道府县不是处在大都市圈的京都府、大阪府等，而是富山县。过去，对服装业来说，选址决定了店铺的销量，只要店铺所处位置合适，客流量大则销量大，这曾是服装业的"常识"，换言之就是享受店址的人流红利。但是 E2C 模式的销量与店铺选址无关，小城市的销售人员利用自由时间制作宣传视频，所以他们的营业额才会不断上升。

我认为这种发展趋势能促使日本向好的方向发展。小城市自由时间多，销售人员不是无所事事，而是像创业者一样积极开展网络直播。在这样的背景下，召集类似雀巢公司"代言人"的优秀销售人员，举办全国比赛，让他们在比赛中交流各自的经验，还能进一步帮助公司提升营业额。总结起来，过去大家用钱换来了店铺的黄金位置（＝靠租金），而 VANISH STANDARD 公司则用钱换来了人才，开出的工资为个人营业额的 3%，十分明智。

我认为，小野里先生值得受到日本政府的表彰，毕竟他推出了这样一套有效的营销模式。岸田首相一出大事就手忙脚乱地搬出"企业应该上调员工工资"的对策敷衍了事，然而企业上调工资需要合理的理由。如果缺乏正当理由无缘无故上调工资，那么公司将难以继续运行。与此相反，VANISH STANDARD 公司规定，只要员工以 E2C 模式直接向顾客销售商品，将根据实际营业额相应地上调工资。该公司设计出了这种新型的营销模式，实际运用于业务当中，还取得了巨大的成功，这难道不值得称赞吗？

乘着 "第四波" 浪潮飞速成长的企业 SHEIN

接下来我将向大家介绍服装领域中飞速成长的代表性企业——成立于中国的服装电商公司希音（SHEIN）（参见图 2-12 ）。

SHEIN 成立于 2008 年，在 2021 年时将营业额提升至约 20 000 亿日元的水平。公司的 CEO 叫许仰天，他出于种种考量将公司搬至新加坡。SHEIN 不以中国市场为重心，而是在美国、英国、墨西哥、泰国、日本等 150 个国家广泛地开展业务。

我们将其与日本的 Fast Retailing 公司旗下的品牌进行对比，就能明显地看出 SHEIN 的优势。Fast Retailing 公司旗下的优衣库和 GU 都有实体店，这意味着需要雇用门店的工作人员。与此相比，SHEIN 只通过电商平台销售，没有实体店和门店工作人员。在这样的经营模式下，SHEIN 达到了约 2 万亿日元的营业额，获得了庞大的利润，所以最终公司的市值总额上升至约 14.4 万亿日元。从服装业看，这庞大的市值总额超过了 Fast Retailing 公司，同时也领先于拥有 ZARA 品牌的 Inditex 集团和 H&M（Hennes & Mauritz）。过去，ZARA、H&M、优衣库曾是服装界的三

SHEIN 简介

• 许仰天 2008 年在中国广州成立了 SHEIN 公司，现在公司总部位于新加坡，Roadget Business 公司负责运营。

• 公司销售情况并未公开，但是 2021 年的营业额达 1000 亿元人民币（约为 2 万亿日元），估计比 2019 年的 160 亿元人民币增加了 5 倍。SHEIN 在美国、英国、墨西哥、泰国、日本等 150 个国家开展业务。

• 作为服装界的后发品牌，SHEIN 并不在中国国内销售，而是选择多家中小制衣厂构建"小批量、多批次"的生产体系，形成专门的生产基地，每天推出几千件新商品。

• 市场营销方面活用社交媒体（社交网站）等满足顾客多样化的需求，同时启用 2 万多名网红，在 Instagram 和抖音等平台提高品牌知名度。

"小批量、多批次"生产体系的特点

品牌	一年生产的产品数	营业额（2021 年）	市值总额	电商化率
优衣库	1000 件	17 651 亿日元	8.6 万亿日元	18%
ZARA	1.2 万件	约 2.6 万亿日元	约 9.5 万亿日元	27%
SHEIN	15 万件	约 2 万亿日元	约 14.4 万亿日元	100%

图 2-12　成立于中国的服装电商公司 SHEIN 活用社交媒体，每天有几千件商品上新，满足顾客多样化需求，是顺应"第四波""AI 以及手机革命"浪潮的代表性企业

资料来源：日本经济新闻 2022 年 9 月 8 日新闻，"Chaitopi！"网站 2022 年 6 月 3 日文章。

大巨头，长期统领着整个服装界，现在 SHEIN 突然跻身其中，以强劲的势头不断提升自己的品牌地位。

此外，SHEIN 在制作方面实行小量制作，每件商品大约定制 100 件左右，现在该公司还在中国国内寻找更多的合作厂商；在销售方面则启用了两万多名网红，宣传自家商品，许多商品一上架就立刻被买断，如果网红带货期间顾客反响不错，那么公司会要求厂商扩大生产规模，再生产 100 件商品——这就是 SHEIN 公司的经营模式。

Fast Retailing 公司经营模式的灵活性较差。比如，大批制作 1000 万件羊毛大衣等经典商品，所以本年度不仅需要制作下一年度冬季的服装，还需要开始开发下下一年度的冬装。正因为是大批制作，所以可以在保证衣服品质的前提下降低销售价格。但是 SHEIN 采用全流程电商贩卖的形式，网红实行提成工资制，公司也没有经营线下实体店及雇用员工的成本，所以可以交出营业额为约 2 万亿日元、市值总额约为 14.4 万亿日元的亮眼"成绩单"。Fast Retailing 公司也在电商平台有所发展，但是电商平台的利润只占总利润的 18%，ZARA 也只有 27% 的利润来自电商平台。中国孕育了阿里巴巴和腾讯等互联网巨头，正是在这样的营商环境里，SHEIN 公司才敢于将全部业务投入电商平台。SHEIN 与以广州工厂为主的众多厂商建立了合作关系，在合作厂商和搭建供应链方面都完成得十分优秀。如果继续保持这个态势，也许 SHEIN 会一家独大。

越来越多的日本人开始使用 SHEIN 的商品，他们喜欢 SHEIN 的版型和颜色，认为它的设计符合自己的审美。但是此类经济容易向求快不求好演变，所以它也有可能因为品质下降等原因受到大众批判，人气从此一落千丈。

我认为 Fast Retailing 这样的公司很难借鉴 SHEIN 公司的经营模式，估计公司里没有设计神速的设计师，也很难像推出"每日新菜单"那样制作新商品。ZARA 品牌拥有许多设计师，所以也许可以向 SHEIN 模式转换，但是估计也很难跟上 SHEIN 公司的运作速度。

我们的企业必须在这样激烈的变化中顺应新的潮流，继而生存下来。

直面"一人"现象，正面采取措施

最后，让我们一起来思考如何应对"一人户"家庭占比 40% 的单身社会。

日本政府已经任命了相关大臣负责制定"孤独、孤立"问题的应对措施，然而实际上该大臣还同时负责"共生社会""少子化对策""男女共同参画"⊖"女性活跃""儿童政策""年轻人活跃"等内容。同时负责处理五六个社会问题，重点并不明晰，所以我十分怀疑日本政府是否在认真地面对这些问题。

希望日本政府不要再打着政策的名号，彰显"干实事"的存在感。在"一人户"家庭占比40%的背景下，政府应该设立"一人省"部门，拨给预算，并向地方政府发布指令。日本需要直面"一人"现象，正面采取措施。比如，更加有效地利用空余房屋，提供单身人士匹配服务，为社区赋予新的生命力，这些有实际意义的举措变得尤为重要。

我认为"一人"问题归根结底可以归因于日本的学校教育（参见图 2-13）。日本的学校教育是大量生产、大量消费时代的教育，换言之，以将社会中的所有人培养为"中上层人群"为目标。文部科学省曾出台了有关学习指导纲要，各学校需要参考纲要进行教育活动，现在我们依旧在实行这种集体主义教育。

⊖ 日本政府为促进男女平等而实施的措施，目的是使男性、女性都有机会自愿参与社会各领域的活动，享有平等的政治、经济、社会和文化利益。——译者注

学校教育的目的和实际情况

学校教育的目的

· 打着"重视个性"的旗号

学校教育的实际情况

· 学校教育实为"集体催眠"
· 按照学习指导纲要向所有学生教授相同的内容,培养"集体优先"
  意识的人才
· 还处在"第二波"教育阶段(等质的教育)
· 过时的商学院教材
➡ 从客户细分到追求顾客的个性化需求
➡ 需要同时改变案例分析的方法
  :不同案例分析得出的结论可能不尽相同 挪用过时的案例分析

"单身社会"时代应有的教育方式

转变为"个别辅导"型学习环境

· 需要实行音乐、体育类的"个别辅导"型教育
· 教育方式必须从"教授"转为"引导""指引""推动"等形式
· 若不转变教育模式,则难以顺应新时代的要求

政府 的作用	· 制定符合"第四波"潮流的新教育方针 · 解除对"个别辅导"教育的限制

企业 新商机	· 开展"个别辅导"型教育业务 · 运用 AI 技术,以最有效的方法帮助孩子更好地学习 (主动学习等形式)

图 2-13 学校教育存在"集体催眠"问题,需要严格按照学习指导纲
要实施的"集体优先"型教育转变为音乐、体育类的"个别
辅导"型教育,若不转变教育模式,则难以顺应新时代的要
求

资料来源:大前研一。

　　与此相比，"单身社会"时代的教育应该是个人的定制化教育。我们需要顺应"第四波"的潮流，制定合适的教育方针，并按照教育方针单独辅导每个学生。现在活跃在音乐界和体育界的日本人大都没有接受千篇一律的集体主义教育，而是在个人辅导下茁壮成长，最终取得了今日耀眼的成绩。

　　团块时期每年的新生儿超过 260 万人，然而现在的出生人数已经降到了当时的一半以下。新生儿人数减少，所以注重知识积累、提倡多多背诵的学习将逐渐变得毫无意义。当今的教育不应该让孩子回答有固定答案的题目，而应该教会他们如何解决无固定答案的问题。这是无法体现在教学大纲中的能力，需要老师引导每个儿童、学生自己寻找答案。现在还出现了一种新业务，运用 AI 技术，结合儿童、学生的学习能力和个性，以最有效的方法帮助他们更好地学习。

　　各位读者也许有人已经"光荣晋升"为爷爷奶奶了。21世纪的现在，我们应该根据孩子的个性，选择合适的教育方式。"定制教育从我做起"怎么想都不为过。比起文部科学省制定的学习指导纲要，大家对孩子"量身定制"的言传身教，更能对孩子的成长起积极作用。

在本章，我向大家讲解了"单身社会时代的消费者新画像"。日本老龄化不断加剧，消费者新画像既代表了日本社会巨大的结构性变化，也体现了日本人需求的转变。比起过往商学院教授的客户细分化策略，接下来我们更需要开展精准到个人的点播业务。希望大家充分理解大规模销售效率极低的事实，并沿着今天所讲的方向，着手改善公司的业务内容。

（本章以上内容根据 2022 年 9 月向研会研讨会的摘要内容删改而成。）

以上是"单身社会时代的消费者新画像"主题报告的概要。

接下来，我将以过往连载文章为基础，具体就某一个主题、某一论点继续讲解，再次梳理整个问题。以下资料和数据可能与主旨讨论会提到的有所重复，请您谅解。

补充讲解 "一人匹配" 服务成为业务的新源泉

"一人户" 家庭增加现象已成全球趋势

我曾在过往的书和杂志连载中对改革省、厅以及改善

行政部门设置提过诸多建议。最近我提出，面向未满 18 岁
青少年（未成年人）的"儿童家庭厅"应更换为"儿童省"，
对象范围调整为受精卵至上小学前不满 6 岁的儿童；此外，
文部科学省应该划分为"文部省（教育省）"和"科学省"，
前者负责管理义务教育阶段（延至高中毕业前的 12 年），后
者负责管理大学、研究生阶段。

除此之外，我还提出了日本接下来必须设立的新政府
部门，即"一人省"。

2022 年国势调查数据显示，家庭人员相关调查中，"一
人户"（独居）家庭有 2115 万户，占比最多，比 2015 年的调
查数据多出了 273 万户（增长 14.8%），占总体的 38%。可
以说，"单身社会"时代已经来临。

全世界发达国家中，"一人户"家庭增加现象普遍存
在。OECD 等统计数据（2015 年）显示，丹麦、芬兰、挪
威、德国等国"一人户"家庭数占比超 40%，瑞典"一人户"
家庭数占总体的 38%，奥地利和瑞士占 37%，荷兰占 36%，
法国占 35%，意大利占 33%，英国占 31%，美国和加拿大
占 28%，韩国占 27%，澳大利亚和新西兰占 24%。因此，
各国都推出了相应的政策。比如，英国于 2018 年设置了世
界上首个"孤独担当相"。瑞典为解决孤独老人的社会问题，

于 2019 年开设了试验性公共住房"Sällbo",为单身老年人、年轻人和海外移民提供交流的场所,老年人向移民教授英语,年轻一代辅助老年人的日常生活。法国出现了匹配独居老年人和寻找住宅的年轻人的特定非营利活动法人,提供相关服务的初创公司也不断增加。此外,美国一家初创公司备受关注。它开展"虚拟孙辈"业务,提供"Papa"服务,让大学生协助独居老年人生活。这些业务都十分有趣,可以深挖使其成为新的业务增长点。我认为日本公司也应该开展相应的业务。

匹配合租房和单身老年人

日本原本就有一种名为"寄宿"的租赁形式。多数情况下,人们以廉价房的形式出租家中空余的房间,以供大学、高中离家太远的"上学难"的学生租住。大家共用厕所和浴室,房东还负责提供伙食。旅馆业法中,寄宿业务的定义是"拥有居住设施,收取一个月以上的寄宿费,让租客寄宿家中的业务"。换言之,是住宿期限较长的"民宿",或者说是与管理人共同居住的包伙食合租房。比起独自租赁公寓,其优点在于可以更大程度地降低生活开支。

　　曾经我的母亲也在横滨向大学生租赁空余房间，但是她和年轻人拥有不同的生活节奏，年轻人还经常因为打工、社团活动、酒会等原因不遵守门禁时间，引发了许多问题，所以最终母亲不得不停止了出租。在学生看来，和房东及其他寄宿人一起生活，实在有些憋屈，隐私难以得到保障，所以近年来人们似乎越来越排斥寄宿。寄宿不断减少，厚生劳动省统计显示，现在全国仅有 671 个提供寄宿的设施（2020 年 3 月末数据）。

　　然而现在许多家庭的孩子房间空闲，选择完全分离型住宅[⊖]的二代同堂家庭也不少。提供老年人和年轻人共同居住的寄宿型服务，将其作为一项正式的业务，这就是我们的商业新思路。

　　合租房本身也越趋多元。比如，日本最大的合租房专业网站"Hituji 不动产"上刊登了全国各式各样的房屋信息，面向家庭等多元客户。此外还有以固定价格提供在日本随便居住服务的"ADDress"。该服务下属房屋中工作、生活必需品配备齐全，房租含光热费[⊜]，且不需要支付押金、

　　⊖ 孩子一家与父母同住，但是二者并没有共用的房间，而是各自拥有不同的玄关、客厅、浴室等，约等于两栋单独的住宅。——译者注
　　⊜ 指水费、电费、煤气费及一切使用燃料的费用。——译者注

礼金、保证金等前期费用，对远程工作及观光等需要临时长期居住的顾客来说很有吸引力。如果这些网站将单身老年人和年轻独居者匹配在一起，钻研出新的商业模式，也许就能发展成一项十分成功的业务。

独居老人的生活有一定的危险，他们难以打扫、维护房屋，所以跟年轻人一同居住更让人放心。同时，年轻人可以从老年人身上汲取生活经验，还能降低生活开支，所以我认为连接二者的匹配服务有很大的商机。

孤独、孤立问题的对策只是"次要"政策?

除匹配银发族和年轻人外，我们还能匹配孩子经济独立后闲暇时间增加、住宅房间空余的银发族和忙于育儿的双职工夫妇。我以前便提出了这个建议，并将其命名为"养父母制度"。对年轻的夫妇来说，他们能够以更划算的价格拜托银发族照顾孩子、接送孩子上下幼儿园和保育所；反之，对银发族来说，他们能获取相应的报酬，以此填补退休后所需的 2000 万日元的资金。

少子老龄化社会中，大家的兄弟姐妹少，人均寿命变长，与亲人分别的时间增多，所以年轻人、银发族和"一人户"家庭不断增加已经是大势所趋。既然如此，我们必须思考在当今背景下如何开展新的业务。

其实，日本政府中也有负责应对"一人户"家庭增加现象的"孤独、孤立对策担当相"，但是相关应对政策仅仅是内阁官房中 33 个政策担当"室"负责的内容之一。而且"孤独、孤立对策担当相"还兼任"内阁府特命担当相（儿童政策、年轻人活跃、少子化对策、男女共同参画）""女性活跃担当相""共生社会担当相"。政府是否认真地应对"一人户"家庭现象，我对此存疑。

另外，孤独、孤立对策推进会议于 2021 年底制定了重点计划，具体包括改善政府的咨询应对体制，保证电话和社交媒体 24 小时通畅，促进信息传播，建设地区居民"联系"的场所等内容，但是基本上依旧在强调独居人士"精神状况不佳"等心理问题和"难以生存""生活贫困"等负面问题，并表示这种负面情况在新冠疫情暴发后日益严峻。

正如上文所述，少子老龄化的社会背景下，独居者增加是必然的趋势。匹配独居人士的业务能够带来巨大的经济效益，也将为社区带来活力。今后你我都不得不直面孤独，既然如此，一人省更应该厘清事实并予以支持。

　　不仅如此，地方政府比国家更加了解地区的实际情况，所以应该因地制宜地采取相应措施，同时一人省也应该为地方政府提供支持。现在孤独、孤立对策担当相同时负责制定六个领域的对策，这样一来他只能将具体内容委托于政府工作人员和有识之士，难免推出"次要"的政策，这就是我提出上述主张的原因。

主张"导入发票"是日本数字化改革千载难逢的机会

"模拟社会"的象征：个人编号卡制度的异常

　　"单身社会"时代要求公司必须处理每个消费者的需求。为此，正如先前研讨会所述，运用 AI 和手机等分析数据的"个性化服务"成为业务的关键一环。个性化服务的前提是个人信息的数字化，如果个人（单身人士）信息尚未完成数字化转变，那我们就无法推进上述商业模式的运行。从数字化方面看，我们不得不承认日本落后于世界上许多国家的事实。

　　日本尚处在模拟社会阶段，最典型的特征就是岸田政权推行的个人编号卡制度，这也是岸田政权的致命弱点。

日本政府希望在 2024 年秋季完成个人编号卡和健康保险证的一体化工作。但是，一体化进程期间，系统错误地将健康保险证绑定公款账号，还不断出现错误交付住民票⊖等"丑闻"，所以虽然距实现目标还有一段时间，但国民对政府和个人编号卡系统的信任度不断降低，越来越多的人开始自行上交错误频发的个人编号卡。因此政府慌忙以数字厅、总务省和厚生劳动省为中心，设立了"个人编号卡信息总检查本部"，并于 2023 年 8 月发布了中期报告。

然而我认为这些对策都只是杯水车薪，依旧不能从根本上解决问题。社会保险厅（原日本年金机构）曾经的"消失的年金记录"显示，大概有 5000 万条归属不明的退休金记录。现在个人编号卡制度问题与当时的情况相同，很难出现根本性的解决方案，其原因在于岸田首相、河野太郎数字大臣、松本刚明总务大臣以及加藤胜信厚生劳动大臣都没能看清问题的本质。

10 年前，政府向国会提交了个人编号卡相关的四大法案，我从当时起便开始批判个人编号卡不起作用。我甚至

⊖ 住民票类似于我国的户口登记，记录了居民的姓名、性别、出生年月、居住地址等其他相关信息，搬家时需要办理住民票的迁出、迁入手续。——译者注

从 20 多年前开始，提议构建记录 ID（身份 / 本人认证）的国民信息数据库（DB），在数据库中导入生物特征识别系统。个人编号卡没有生物特征识别功能，然而其专用网站"Mynaportal"上可以浏览个人的税务、收入、退休金、失业保险、低保等 29 项个人信息。若不使用生物特征认证，则难以规避信息泄露的风险。

构建国民数据库系统的正确方法是，首先从特定的个人 A 开始，制作一张有生物特征信息的卡片，卡片包含了国家所需的必要功能。接着，再将其数据共享给各个政府部门。然而，现在个人编号卡制度的设置顺序截然相反：首先，在政府部门制作相关系统，接着再慌忙地将系统连接至个人。所以产生了诸如错误地将 A 的信息匹配至 B 等一系列问题。总而言之，个人编号卡制度在实施之初就用错了方法。

本次个人编号卡制度改革措施出于对住基网（住民基本台账网络系统）的考量。住基网是一个以老旧技术和传统机制构建起的"遗产系统"，这导致个人编号卡系统如温泉旅馆一般，由老馆、新馆、别馆构成，住基网代表旧馆，税务、收入、退休金、健康保险证等分别代表新馆和别馆，三个馆由连廊连接，像迷宫一般混乱不堪。

　　过去，不同地方政府将住基网系统委托给了不同的
IT 公司，如富士通、日本电气公司（NEC）、日立制作所、
NTT 数据等，并不统一，所以难以集中整合所有数据，而
且还出现了许多当初未曾设想过的内容，把它们强行装载
在老旧的住基网上，导致漏洞百出、错误频发。

接二连三的反对意见

　　在这样的背景下，2023 年 10 月"发票制度"诞生。

　　发票（合格账单）是卖方给买方的文件，上面标明了适
用税率和消费税税额，买方可以向登记备案的卖方索要发
票，卖方必须向买方开具发票。只有收到发票的买方才能
够扣除进项税额。

　　许多人对这项制度持反对态度，主要理由如下。

　　此前销售额小于 1000 万日元的企业属于免税企业，无
须缴纳消费税，但是实施发票制度后，它们需要选择登记
成为拥有开具发票资格的应税企业，或保持免税企业身份
不开具发票。如果选择成为应税企业，它们就不能继续享
受免除消费税的优惠政策。如果继续保持免税企业身份，
则会造成顾客的流失，从而不得不负担消费税或下调价格。
对买方来说，如果在免税企业那里购买物品或服务，不能

获得发票，则无法享受进项税额优惠政策，需要付消费税。也就是说，对于同一件物品，消费者向应税企业购买更加划算。

总是"破例"的日本

过去的免税企业纷纷表示不满，称"税务负担、业务负担加重""欺负弱势企业""被迫陷入破产的危机"。最终，政府以登记成为应税企业的免税企业为对象，增加了减轻负担的特别措施。

比如 2023 年 10 月开始的 3 年内，该类企业仅需缴纳 80% 销售额对应的税额。此外，政府提高了该类企业税务师协商费用和导入机器装备费用等补助上限，一律增加 50 万日元，补助金额上调至 100 万～ 250 万日元。同时将 IT 导入补助金下限撤销，将导入廉价结算软件的企业纳入 IT 补助金享受对象范围。截至 2022 年底，只有 75% 的法人企业和 34% 的个人企业注册成为应税企业。为促使企业注册为应税企业，政府表示"在任何情况下"都将注册截止时间从 2023 年 3 月末延长至 9 月。

但是我认为政府不需要增加补助金、延长注册期限，不应该在"发票制度"中破例，因为这是日本税务会计数字化改革千载难逢的机会。

过去，日本总是在经济政策上破例，最典型的就是
2009 年龟井静香金融担当相主导制定的贷款延期偿付法
（中小企业金融圆滑化法）。受 2008 年金融危机的影响，许
多中小企业面临严重的经营危机。该法旨在延长还款期限，
为中小企业提供救济，法案一直实施至 2013 年 3 月末。大
约有 30 万家"僵尸企业"因此存活，当中几乎没有一家企
业能够改善经营、继续发展。如果"发票制度"也像该制
度那样不断破例，那只不过是在重蹈覆辙。

大约六成的消费税未能上缴

日本所称的"消费税"其实并不是由最后消费的一方
所承担的税额。它本质上是欧式的"增值税"，对生产、物
流、零售等各阶段产生的附加价值收税。原则上，增值税
在所有交易中都有体现。日本的 GDP（国内生产总值，总
附加价值）约有 550 万亿日元，乘以 10% 的消费税（增值
税），将产生 55 万亿日元的税额。然而实际上 2021 年度的
消费税总额只有 22 万亿日元左右。也就是说，六成的消费
税未能上缴。

其中一个原因是刚刚提到的面向免税企业实施的税收

优惠政策。免税企业销售物品、卖出服务时，从买家手里获得消费税，但是它们可以将其收入囊中，不需要上交给国家，也就是所谓的"益税"。这就是未能上缴的部分税额。

当然，财务省把增值税称为消费税的做法也存在问题，不过既然其本质为增值税，那么原则上必须对所有交易课税。也就是说，只需调整现在歪曲的税收制度，就能极大地提高消费税税收总额。

现在企业大都自己在账簿上记账，以这种方式进行蓝色申报[⊖]，其中不乏将私人外出用餐费用、旅行费用当作经费申报的情况。营业额超过 1000 万日元的企业甚至还会将公司分割为几家小公司，以此逃税。

如果使发票电子化，所有的交易信息都将记录、保存在电子账簿里，清晰透明，难以作假。另外，我们还可以利用 AI 调查税务记录，轻而易举地发现账面有问题的企业，这既提高了调查效率，又可以大幅减少政府工作人员的数量。有人表示"会计业务繁杂"，反对导入电子化发票的措施，然而其实只要使用会计软件，便可以

⊖　指纳税人采用蓝色申报表缴纳税款的一项制度。纳税人在规定的账簿上记录日常交易信息，并根据记录正确报税，从而可以享受比普通纳税人更多的税收优惠。——译者注

简单地完成电子化操作。导入"发票制度",正是我们脱离模拟社会、消除铅笔做账等不透明做法的千载难逢的机会。

日本因难以实现数字化而落后于社会,进一步看,这个问题正体现了现在日本社会的结构性问题。世界正向 AI、手机革命的"第四波"(电子社会)发展,然而日本企业、政府、地方政府都还卡在信息革命的"第三波"(IT 社会的后半程),可谓进退两难。

同时导入上班族的"蓝色申报"

为了使税收制度更加公平,我们也应该将上班族(领薪水的人)列入蓝色申报范围。具体措施是,将上班族家庭中用于工作的自购办公设备、工作桌、工作椅、IT 设备等根据实际使用年限列入企业成本,并按比例返还该员工的个人所得税,或将其列入经费,退还个人所得税。这就是我从前一直提倡的"书房减税"。除此以外,员工在居住条件方面的投入也应由企业部分承担,如可将住房贷款的利息或房屋修缮成本列入企业成本。未购房的员工,企业可以补贴部分房租和电费、水费。

将个体工商户制度的对象范围扩大至上班族,这样一

来，可能有人会担心税收总额降低，但是我认为这在促进
消费、激活经济方面会起到更积极的作用。

　　我再重复一下以上观点。导入"发票制度"是日本的
税务会计实现数字化改革千载难逢的机会，机不可失。原
本免除销售额为 1000 万日元以内企业消费税的做法就存在
问题，我们应该无视反对正常交税的声音，一气呵成、斩
钉截铁地推动新政策的实施。

结　语

退休后也能"活出想活的人生"！

可以避免的"危机"

我们应该如何度过退休后的人生？以中老年、老年人的生活方式为题材的书广受欢迎，杂志和新闻也推出了老年人生活特辑。比如，《朝日新闻》在"退休危机"栏目的连载中刊登了这样一个令人心酸的小故事。退休后的丈夫在家中无所事事，妻子需要照顾丈夫的一日三餐，深感厌烦。因此，妻子让丈夫每周出门吃三次饭，但是丈夫并没有找到中意的餐馆，只好坐在电车环线上打发时间。

退休前，男性在社会上扮演"工作狂"和"工蜂"的角色，于他们而言，应酬的高尔夫球堪称他们的唯一兴趣。他们也没有参加过社区的活动，因此退休后时间过分充裕，据说甚至出现了很多"妻子跟屁虫"在妻子出门的时候紧随其后。实际上，我们经常能在超市里看见推着购物车跟在妻子身后的老年男性，也许他们不懂得如何一个人购买必要的食品和生活用品，只好依靠妻子。

我过去曾将这样的老年男性比喻为"湿了的落叶"，因为湿了的落叶不管怎么清扫，依旧贴得紧紧的。也有观点指出，妻子并不喜欢跟屁虫丈夫，为此感觉"压力山大"，患上了"居家丈夫压力综合征"，夫妇关系出现裂痕，接着进一步演变为"退休危机"。只要不把它看作"退休危机"，对此小题大做，退休男性自己做出改变，就可以让退休后的生活更加绚丽多彩。

我曾经在拙作《后五十岁的选择》和《想做的事就去做》中建议大家应该在 50 岁之前开始自己的第二人生，同时也向大家提供了开始第二人生的具体方法。我本人 50 岁时从麦肯锡公司退休，开始了人生的新篇章。我提出"建设消费者主权国家"的施政主张，参与了京都知事选举和参议院议员选举，全都以惨败告终。此后，我创办了培养企业家的"创业者商学院"（ABS），并设立了"一新塾"，培养能够为政府政策谏言的人才。此外，我在中国大连经营着一家数据录入公司，还在日本九州开了一家网上超市。1998 年，我创办了"商业突破大学"（BBT，现在的 Aoba-BBT），2005 年开办了"BBT 大学"。我 80 岁时卸任了 BBT 会长一职，但是现在依旧作为"BBT 大学、研究生院"的校长，坚持站在讲台上。工作之余，每个周末我都会开摩托车或驱车游览日本各地，发展自己单簧管、摩托雪橇、水上摩托、水肺潜水等兴趣爱好。不管工作还是玩耍，我都竭尽全力，身体力行地实践"退休的人生由我自己决定"的主张。

继续工作对"家庭生计"和"人际关系"都有益处

日本的少子老龄化程度不断加深,劳动力持续不足,因此今后的退休年龄将为 65 ～ 70 岁,也许还会延长至 75 岁,就算如此,"退休后的生活方式"依旧是极为重要的课题。

一部分人表示,"希望一直工作到退休,退休后尽情培养自己的兴趣爱好"。但是实际上在退休后的 20 ～ 30 年内,兴趣爱好远远不够支撑我们的退休生活。拿打高尔夫球举例,许多银发族退休前曾梦想着过每天打高尔夫球的日子,但是退休后自己一人前往俱乐部,需要与素未相识的陌生人组队打球、比赛。即便只与 2 ～ 3 位朋友相约打球,通常也有陌生人加入。这样的交往需要照顾他人的感受,所以如果不是高尔夫球迷,则很有可能减少打球的次数。

我们再以钓鱼为例。我朋友刚开始钓鱼时会给友人或邻居送钓到的鱼,大家也会高兴地收下,但是处理鱼的过程十分麻烦,如果经常送鱼,最后容易被大家"拒收"。带鱼回家,妻子也会露出嫌弃的神色,于是久而久之我的朋友便失去了钓鱼的热情。

我是" BBT 经营塾"的塾长，我在自己教授的课程中一定会向学生们抛出"你们想如何度过退休后的生活？"的问题，并给他们"室内""室外""一人""与朋友一起"四个象限的矩阵各五个，让他们写 20 个兴趣爱好。大多数人写了两三个就停笔了。我认为单凭这点爱好，根本不足以支撑起退休后的生活。

拙作《第四波》中提到了 JMAR（日本能率协会综合研究所）的"老年人生活模式构造基本调查"（2022 年）。调查数据显示，60 ～ 90 岁的人群中，排名第一的兴趣爱好是旅行，第二是看电视，第三是园艺，第四是看书，第五是散步。我觉得看电视并不能被称为兴趣爱好，但是它位列第二，真让人感到羞愧。

在这样的情况下，退休后多数银发族最终只会在家中看看电视，和衣而睡，无所事事地度过每一天。这样只会加剧夫妻关系的紧绷，丈夫失去"栖身之地"也在所难免。

既然如此，我们在退休前的四五十岁时就做好下一阶段的人生规划，提升自己的技能，不断在精神和身体层面锻炼自己，做到"工作、娱乐两不误"。这难道不才是正确的思考方式吗？

"每周到岗三天，短时间劳动，不强求自己"，满足上述要求的工作

正如第 1 章的图 1-12 中介绍的那样，日本银发族有极大的就业需求，就业率不断提升。除上述资料外，另一组数据也能佐证这一倾向。

就业调查机关 Job Research Center 实施了"老年群体就业实际情况意识调查 2023（个人篇）"。调查数据显示，60～74 岁的人群中，所有人都有工作意愿，希望今后继续工作。在"希望工作到几岁？"一问中，选择"70～74 岁"的占 34.6%，占比最大，其次是"75～79 岁"，占 30.4%。

另外，今后就业的雇用形态方面，选择"打工"的占六成；出勤天数方面，"每周大约出勤三天"的占 32.4%，"每周大约出勤五天"的占 29.6%，"每周大约出勤四天"的占 26.1%；每天的工作时长方面，"五小时左右"的占 21.6%，"四小时左右"的占 21.0%，"八小时左右"的占 15.8%，"六小时左右"的占 15.3%。

然而，希望工作的银发族中有大约三成找不到工作，只能草草放弃。找到工作的银发族中，也有大约四成的人表示感觉到"年龄壁垒"。现实是，我们不得不承认社会上仍存在许多银发族就业的规制。查看报纸叠入的传单上面的工作招聘信息便可发现，银发族能够应聘的只有公寓或大楼的管理员和清洁员、事故现场的交通疏导员以及高速收费员等，都是体力活。正因如此，我们更应该在退休前学习、掌握更多通用技术。

在此，我向大家推荐学习数字转型相关技术。比如，关注营业支援、订单管理、库存管理、账单管理等流程固定的间接业务领域，学习其中的RPA（机器人流程自动化）工具。灵活运用这些工具，全面推动数字化转型，这样一来从事间接业务的白领人数将减至现在的五分之一到十分之一，极大程度地提高了生产效率。所以如果掌握了这个技能，退休后也必将收到许多工作邀请。RPA导入进程落后的中小企业和地方企业更会特别珍视这样的人才。即使不是数字化转型岗位，只要是电脑、手机等联网工作的数字化相关岗位，都能不受时间和空间的束缚，有比较高的自由度。

如果退休后继续工作，赚来的工资既可以回馈家庭，也能减少夫妇的隔阂，同时还能体会到活着的意义。只要工作时间适中，不过分限制个人自由，就还能有时间发展兴趣爱好，享受休闲的生活。

失去"栖息之地"则改变自己的"住所"

孤独、孤立成为社会性问题后，寻找"栖身之地"成了银发群体共同的重要课题。

如果你退休后只待在由夫妇二人和邻居等组成的"狭小"社区内，感叹自己没有"栖身之地"，那么我建议你改变自己的住所。

多年前，我曾提出"改变自己的三个方法"，分别是"改变时间分配""改变交往人群"和"改变居住场所"，其中效果最为显著的就是"改变居住场所"。

在寒冷北方地区工作的欧美人，若是升至大企业部长级别以上的职位，则一般会在退休后移居至温暖的南方地区，颐养天年。欧洲的情况是，北欧国家以及德国、瑞士、英国等周边国家的人南下，移居至希腊、克罗地亚、意大利、西班牙和葡萄牙等国。美国的情况是，在纽约等东北部以及芝加哥等中西部地区生活的人群移居至南部、西南部的阳光地带。

如何实现移居？他们在北方地区工作时便在南方地区购买并出租别墅，退休后卖掉北方的住宅，搬入南方的新家。出租别墅的租金足以偿还前期的别墅贷款，所以变卖住宅换来的资金反倒成了他们的退休资金。

　　移居南方后，子辈、孙辈、朋友、熟人都可以前来拜访，自己也能同周围邻居以及与自己情况相同的老年移居者交流。逐渐地，他们拥有了新的兴趣爱好，并开始积极参与社区活动和志愿者活动，在这些活动中找到了人生的意义，退休生活因此变得更加丰富多彩。所以只要改变自己的住所，就能看到不一样的"人生风景"。

　　反观日本现状，居住或工作于北海道、东北、北信越等寒冷地区的人们退休后几乎待在原地，过着一模一样的生活。他们相信，那就是他们"最终的归宿"，我完全不能理解这种观点。退休后改变自己的生活地，移居至四国、九州、冲绳等温暖地区岂不妙哉？

　　一听我这么说，所有人都会"担心退休资金不足、无法过上好日子"。但是大家不要忘了，日本人将人均3000万日元的资产带入坟墓，只因日本人不懂得规划财务，从而不能获得富足的退休生活。日本人应该向欧美人学习，在40～50岁时深思熟虑，建立未来的财务规划。

　　另外，退休后夫妇二人拥有共同的兴趣爱好，一起参与相关活动，这就是保持夫妻感情和睦的秘诀。不过，我认为不需要刻意干涉对方的兴趣爱好，但如果不偶尔出门旅行或外出进餐，制造两人共同相处的时间，那么一定不能保持良好的夫妻关系。

我家的情况是，我和妻子有音乐这个共同爱好，除此之外，我们给对方极大的自由空间，分头行动。现在，举办完金婚仪式的我们依旧恩爱如初。"湿了的落叶"未免过于寂寞。我希望大家退休后能尽可能继续工作，为日本经济贡献自己的力量，同时也尽情发展自己的兴趣爱好。希望大家在人生的最后阶段回首过去，能够不留遗憾地离开这个世界。

马特·里德利系列丛书

创新的起源：一部科学技术进步史
ISBN：978-7-111-68436-7

揭开科技创新的重重面纱，开拓自主创新时代的科技史读本

基因组：生命之书 23 章
ISBN：978-7-111-67420-7

基因组解锁生命科学的全新世界，一篇关于人类与生命的故事，
华大 CEO 尹烨翻译，钟南山院士等 8 名院士推荐

先天后天：基因、经验及什么使我们成为人（珍藏版）
ISBN：978-7-111-68370-9

人类天赋因何而生，后天教育能改变人生与人性，解读基因、环
境与人类行为的故事

美德的起源：人类本能与协作的进化（珍藏版）
ISBN：978-7-111-67996-0

自私的基因如何演化出利他的社会性，一部从动物性到社会性的
复杂演化史，道金斯认可的《自私的基因》续作

理性乐观派：一部人类经济进步史（典藏版）
ISBN：978-7-111-69446-5

全球思想家正在阅读，为什么一切都会变好？

自下而上（珍藏版）
ISBN：978-7-111-69595-0

自然界没有顶层设计，一切源于野蛮生长，道德、政府、科技、
经济也在遵循同样的演讲逻辑

推荐阅读

读懂未来前沿趋势

一本书读懂碳中和
安永碳中和课题组 著
ISBN: 978-7-111-68834-1

双重冲击：大国博弈的未来与未来的世界经济
李晓 著
ISBN: 978-7-111-70154-5

一本书读懂 ESG
安永 ESG 课题组 著
ISBN: 978-7-111-75390-2

数字化转型路线图：智能商业实操手册
[美] 托尼·萨尔德哈（Tony Saldanha）
ISBN: 978-7-111-67907-3